Clara Moser, Detlef Hecking

Wenn Geburt und Tod zusammenfallen

T V Z

Clara Moser, Detlef Hecking

Wenn Geburt und Tod zusammenfallen

Arbeitshilfe für Seelsorgende bei Kindsverlust

EDITION **N Z N**

BEI **T V Z**

Der Theologische Verlag Zürich wird vom Bundesamt für Kultur mit einem Strukturbeitrag für die Jahre 2019–2020 unterstützt.

Die Deutsche Bibliothek – Bibliografische Einheitsaufnahme
Die Deutsche Bibliothek verzeichnet diese Publikation in der Deutschen Nationalbibliografie; detaillierte bibliografische Daten sind im Internet über www.dnb.de abrufbar.

Umschlaggestaltung: Simone Ackermann, Zürich
Satz und Layout: Claudia Wild, Konstanz
Druck: ROSCH-Buch GmbH, Scheßlitz

ISBN (Print): 978-3-290-20182-1
ISBN (PDF): 978-3-290-20183-8

Inhalt

Vorwort zur 1. Auflage

In der Schweiz kommt nach offizieller Statistik täglich ein Kind tot zur Welt, etwa gleich viele Kinder sterben im ersten Lebensmonat. Ausserdem endet nach Schätzung von Fachleuten etwa jede vierte Schwangerschaft vor der 23. Woche mit einer Fehlgeburt.

Trotz der Häufigkeit des Phänomens war dieses Thema bis vor Kurzem in der Öffentlichkeit kaum präsent. Viele konkrete Fragen (z. B. Möglichkeit der Bestattung) waren unklar geregelt, oder sie wurden von Kanton zu Kanton und von Spital zu Spital verschieden gehandhabt. Es gab kaum Unterstützung für betroffene Eltern, das Pflegepersonal war oft überfordert, und auch die Seelsorgerinnen und Seelsorger waren auf das tabuisierte Thema und die konkreten Situationen oft ungenügend vorbereitet.

Seit einigen Jahren wird das Thema Fehlgeburt und perinataler Kindstod nun sowohl in den Medien als auch in Fachkreisen besser wahrgenommen. Im Januar 2001 veranstaltete die Frauenkonferenz des Schweizerischen Evangelischen Kirchenbundes (SEK) gemeinsam mit dem Diakoniewerk Neumünster eine Tagung zum Thema «Trauer am Anfang des Lebens». Sie stiess bei zahlreichen Fachleuten aus verschiedenen Berufen auf grosses Interesse. An dieser Tagung wurde der Wunsch nach einer Arbeitshilfe für Seelsorgende von verschiedenen Seiten geäussert, sodass die Frauenkonferenz des SEK Pfarrerin Clara Moser Brassel mit der Erarbeitung einer entsprechenden Broschüre beauftragte.

Praktisch zeitgleich formierte sich der Verein zur Förderung einer professionellen Beratung und Begleitung bei Fehlgeburt und perinatalem Kindstod (heute: Verein kindsverlust.ch). Im gegenseitigen Kontakt entstand bald die Idee der Zusammenarbeit, und so machte sich neben der reformierten Pfarrerin auch der katholische Theologe Detlef Hecking, Gründungsmitglied des Vereins, an die Arbeit, und das Projekt wurde ein ökumenisches.

Die nun vorliegende Arbeitshilfe will Seelsorgerinnen und Seelsorger auf die mögliche Begegnung mit Trauersituationen am Anfang des Lebens vorbereiten und ihnen Hilfestellungen bieten. Sie umfasst eine Klärung juristischer und medizinischer Grundbegriffe, theologische Überlegungen, praktisch-theologische Hilfestellung für die Begleitung der Angehörigen, und sie bietet einen breiten Fundus an Ideen zur Gestaltung von Ritualen und Trauerfeiern. Eine Sammlung einschlägiger Adressen und Literaturhinweise vervollständigt die Arbeitshilfe.

Auf eine Darstellung fertiger Liturgien wurde hingegen bewusst verzichtet, denn einerseits gibt es solche Sammlungen schon, andererseits sind die Situationen derart individuell und unterschiedlich, dass eine Sammlung von Materialien im Baukastensystem hilfreicher ist als das Angebot fertiger Liturgien.

Der Dank der Herausgebenden gilt zuerst der Autorin und dem Autor, Clara Moser und Detlef Hecking, die diese Arbeitshilfe mit sehr viel Erfahrung und Fachkompetenz verfasst und zugunsten der möglichst grossen Verbreitung auf ein Honorar verzichtet haben. Auch den zahlreichen weitere Fachpersonen, die die Entstehung der Broschüre begleitet und mit ihrem konstruktiven Feedback und vielen nützlichen Hinweisen die Optimierung des Textes unterstützt haben, sei herzlich gedankt.

Schliesslich gilt unser Dank auch dem Schweizerischen Evangelischen Kirchenbund SEK und der Schweizer Bischofskonferenz SBK für die finanzielle Unterstützung der Übersetzung sowie der Layout- und Druckkosten.

Wir freuen uns, dass wir diese Arbeitshilfe all den Menschen zur Verfügung stellen können, die beruflich mit Trauer am Anfang des Lebens zu tun haben, und wir hoffen, dass sie ihren Weg findet dahin, wo sie gebraucht wird.

Für die Frauenkonferenz des SEK: Sabine Scheuter

Für die Kommission Ehe und Familie der SBK: Niklaus Knecht

Für die Frauenkommission der SBK:
Dr. Rose-Marie Umbricht-Maurer

Für den Fachstelle kindsverlust.ch: Elisabeth Wenk-Mattmüller

Vorwort zur Neuauflage

In der Öffentlichkeit erfährt das Thema Kindsverlust allmählich grössere Aufmerksamkeit: Selbst in Boulevardmedien berichten immer öfter Prominente – als Mütter oder Väter – von ihren Erfahrungen mit frühem Kindstod. Dass das Thema sogar in Nachrufen und Biografien zunehmend auftaucht, zeigt, wie prägend es für betroffene Eltern ein ganzes Leben lang sein kann.

Auch deshalb bleibt diese Arbeitshilfe wichtig, vor allem für Seelsorgende, die – zum Glück – nicht häufig mit einer Fehl- oder Totgeburt konfrontiert werden. In diesem überschaubaren Buch lässt sich unkompliziert und praxisnah nachlesen, was den Abschied von einem früh verstorbenen Kind für Mutter, Vater, Geschwister und Angehörige erleichtert.

Basel, Februar 2019: Ich, Clara Moser, besuchte kürzlich eine Abdankungsfeier für ein totgeborenes Kind. Ich war berührt, aber auch hocherfreut, wie der junge Pfarrkollege diesen Abschied einfühlsam gestaltet hat. Dass dies nun, 30 Jahre nach meiner Fehlgeburt und 13 Jahre nach dem erstmaligen Erscheinen unseres Buches, so öffentlich wertgeschätzt und betrauert werden kann. Ja – seit der ersten Auflage (2006) haben sich Sensibilität und Professionalität bei Kindsverlust bei Seelsorgenden und medizinischen Fachpersonen stark verbessert.

Dabei spielt das Alter des früh verstorbenen Kindes oft keine Rolle: Auch Schwangerschaften, die früh in den ersten 2–4 Monaten zu Ende gehen, brauchen Raum, um betrauert zu werden. Betroffene Frauen benötigen in dieser Phase oft wenig medizinische Betreuung und bleiben deshalb öfters mit der verlorenen Hoffnung allein.

Für die Neuauflage wurden die Literaturhinweise sorgfältig aktualisiert, die Links überprüft und erweitert sowie alle rechtlichen Veränderungen aufgenommen. Der Fachstelle Kindsverlust (früher: Verein für Fehlgeburt und perinatalem Kindstod) sei herzlich für die erneute Zusammenarbeit gedankt, namentlich Madlaina Zindel, Stefanie Schmid und Anna Margareta Neff haben ihre Fachkompetenz und Erfahrung eingebracht und uns bei der Aktualisierung unterstützt. Gedankt sei auch Markus Zimmer vom TVZ, der vorgeschlagen hat, die vergriffene Erstauflage zu aktualisieren und vor allem die juristischen Inhalte auf den deutschen Sprachraum zu erweitern. Das Fachwissen dazu haben Birgit Rutz von hopeangel.com für Deutschland und Simone Strobl vom Verein Pusteblume für Österreich geliefert.

Detlef Hecking und Clara Moser

Wenn Geburt und Tod zusammenfallen

Eine Frau ist im sechsten Monat schwanger. Bei einer Untersuchung wird beim Kind ein nicht operabler Herzfehler festgestellt; es ist nicht lebensfähig. Die Eltern entscheiden sich trotzdem, die Schwangerschaft auszutragen, die fortan von Trauer, aber auch von der Gelegenheit zu Abschiedsvorbereitungen geprägt ist. Nach der Geburt lebt das Kind noch ein paar Stunden. Mutter und Vater haben Zeit, das kleine Köpfchen, die Hände und Füsse zu bewundern. Sie nennen ihre Tochter Sarah.

Eine Mutter mit 5-jährigem Sohn wird endlich wieder schwanger. Eines Tages ist sie beunruhigt über das Ausbleiben der Kindsbewegungen. In der 26. Schwangerschaftswoche wird bei einer Ultraschall-Untersuchung festgestellt, dass das Kind gestorben ist. Die Frau bringt das tote Kind in einer «normalen» Geburt zur Welt.

Schwangerschaft und Geburt verlaufen komplikationslos. Plötzlich Unruhe, Aufregung, Alarm: Joris geht es nicht mehr gut. Langes Warten. Dann die Nachricht: Joris hat keine Nieren, er ist lebensunfähig. Bevor Joris stirbt, können die Eltern und Grosseltern das zarte Kind noch bestaunen. Den letzten Atemzug tut es im Beisein aller.

Eine junge Frau wird schwanger, mitten in der Ausbildung, ohne tragende Beziehung. Sie lässt einen Schwangerschaftsabbruch vornehmen. Doch die versteckte Trauer lähmt sie. Sie ist nicht mehr dieselbe, die Lebenskraft von früher ist ihr abhanden gekommen.

In einer Routineuntersuchung in der 11. Schwangerschaftswoche sieht die Mutter ihr Kind zum ersten Mal auf einem Ultraschallbild. Es bewegt sich lebendig hin und her. Zwei Tage später: Blutungen, notfallmässige Spitaleinweisung. Das Kind ist gestorben.

Die Mutter muss eine «Ausschabung» vornehmen lassen. Wenige Tage später muss sie wieder arbeiten gehen.

In ihrer dritten Schwangerschaft ist eine Mutter von Anfang an unruhig. Der Vater versteht das nicht recht. Bei der ersten Kontrolle zeigt das Ultraschallbild eine normal gewachsene Fruchtblase, aber keine Plazenta und keinen Embryo. Das Kind ist schon sehr früh gestorben, doch die Fruchtblase hat sich normal weiterentwickelt – ein sogenanntes «Windei». Wenige Tage später kommt es zu starken Blutungen.

Die Zwillinge werden zu früh geboren. Dem Mädchen, Amanda, geht es gut, doch der Knabe, Nico, macht Sorgen. Das Ärzteteam der Intensivstation kämpft um sein Leben. Aber Nico stirbt – er ist zu klein und zu schwach. Amanda wächst gesund auf.

I Grundlagen

1 Medizinische Grundbegriffe

Curettage, Ausschabung: Medizinischer Eingriff, um die Plazenta und/oder den Embryo (bei Fehlgeburt) aus der Gebärmutter zu entfernen

Fehlgeburt, Abort: Geburt eines *vor* der 23. Schwangerschaftswoche bereits im Mutterleib verstorbenen Kindes (oder, vor allem bei Unsicherheit über die Schwangerschaftsdauer, eines Kindes mit einem Geburtsgewicht von weniger als 500 Gramm). Eine Fehlgeburt gilt juristisch nicht als Geburt, ist deshalb nicht meldepflichtig und begründet auch nicht die mit einer Geburt verbundenen Rechte (siehe I/2).

Frühgeburt: Geburt vor der 37. Schwangerschaftswoche

Gestation: lat. für «Schwangerschaft». Die Gestation beginnt mit der Befruchtung der Eizelle. In der Zivilstandsverordnung und im medizinischen Sprachgebrauch wird das Alter des Kindes nach «Gestationswochen» (= Schwangerschaftswochen) gemessen.

Lebendgeburt: Geburt eines Kindes, das mit Lebenszeichen zur Welt kommt. Jede Lebendgeburt (unabhängig von Schwangerschaftswoche oder Geburtsgewicht) begründet juristisch gesehen die Meldepflicht und sämtliche mit der Geburt verbundenen Rechte.

Neonatologie: griech./lat. für «Neugeborenen-Lehre». Derjenige Zweig der Kinderheilkunde, der sich mit neugeborenen (und damit auch mit zu früh geborenen) Kindern befasst.

Perinatal, perinataler Kindstod: griech./lat. für «um die Geburt herum». Von «perinatalem Kindstod» wird gesprochen, wenn das Kind zu einem Zeitpunkt stirbt, da es (mit medizinischer Unterstützung) eigentlich lebensfähig wäre, d. h. derzeit etwa ab der 23. Schwangerschaftswoche. «Perinataler Kindstod» ist somit eine Bezeichnung für Totgeburt als auch für den Tod lebend geborener Kinder bis 7 Tage nach der Geburt.

Plötzlicher Kindstod: Unvorhersehbarer Tod eines zuvor gesunden Kindes im Schlaf in den ersten beiden Lebensjahren, medizinisch noch wenig geklärt (auch SIDS genannt: sudden infant death syndrome). Die vorliegende Arbeitshilfe klammert den plötzlichen Kindstod weitgehend aus. Der wesentliche Unterschied zur Seelsorge bei Fehlgeburt und perinatalem Kindstod liegt darin, dass es beim plötzlichen Kindstod bereits eine – wenn auch kurze – gemeinsame Lebenszeit gibt und Begrüssung des Kindes und Abschied vom Kind daher nicht ganz so nah zusammenfallen.

Totgeburt, intrauteriner Fruchttod: Geburt eines *ab* der 23. Schwangerschaftswoche bereits im Mutterleib verstorbenen Kindes (oder, vor allem bei Unsicherheit über die Schwangerschaftsdauer, eines Kindes mit einem Geburtsgewicht von mindestens 500 Gramm). Eine Totgeburt ist meldepflichtig und begründet sämtliche mit der Geburt verbundenen Rechte.

In der Diskussion um Fehlgeburt und perinatalen Kindstod überlagern sich alltagssprachliche, medizinische und juristische Begriffe und Definitionen. Alltagssprachlich wird oft nicht zwischen den verschiedenen Begriffen unterschieden. Für die seelischen Prozesse und die Trauer(arbeit) sind die medizinischen Differenzierungen auch nicht relevant. Für die juristischen Aspekte rund um Fehlgeburt und perinatalen Kindstod ist es jedoch entscheidend, ob es sich um eine «Fehlgeburt» oder eine «Totgeburt» handelt.

In der wissenschaftlichen Diskussion ist die zeitliche Grenze zwischen den verschiedenen Begriffen fliessend, da die intensivmedizinischen Möglichkeiten auch für sehr früh geborene Kinder immer besser werden.

2 Juristische Aspekte

Die folgenden Informationen entsprechen der Rechtslage zur Zeit der Überarbeitung dieser Arbeitshilfe (Frühjahr 2019). Aktualisierungen sowie die ausführlichen gesetzlichen bzw. juristischen Grundlagen können bei folgenden Stellen eingeholt werden:

Schweiz: http://www.kindsverlust.ch
Deutschland: http://www.hopesangel.com
Österreich: http://www.verein-pusteblume.at

2.1 Definitionen

Schweiz

Die grundlegenden Bestimmungen sind in der Zivilstandsverordnung des Bundes (ZStV) Art. 9 «Geburt» und Art. 9a «Fehlgeburt» geregelt.

Lebendgeburt: Als «lebend geboren» gilt unabhängig von der Schwangerschaftsdauer eine Leibesfrucht dann, wenn nach dem vollständigen Austritt aus dem Mutterleib entweder die Atmung eingesetzt hat oder irgendein anderes Lebenszeichen erkennbar ist, wie Herzschlag, Pulsation der Nabelschnur oder deutliche Bewegung willkürlicher Muskeln, gleichgültig ob die Nabelschnur durchgeschnitten ist oder nicht, ob die Plazenta ausgestossen ist oder nicht und auch dann, wenn das Kind weniger als 22 vollendete Wochen alt ist, weniger als 500 Gramm wiegt oder nach der Geburt stirbt.

Totgeburt: Als «tot geboren» oder in der Geburt verstorben gilt ein Kind, wenn es im Mutterleib stirbt und keines der unter Lebendgeburt angeführten Zeichen vorhanden ist, aber mindestens 22 vollendete Wochen alt geworden ist *oder* ein Geburtsgewicht von mindestens 500 Gramm aufweist.

Fehlgeburt: Eine Fehlgeburt liegt vor, wenn die Geburt vor der vollendeten 22. Schwangerschaftswoche stattfindet *und* wenn das Kind weniger als 500 Gramm wiegt und keines der unter Lebendgeburt angeführten Zeichen vorhanden ist.

Deutschland
Fehlgeburt: Kinder unter 500 Gramm, die ohne Lebenszeichen geboren werden.

Totgeburt: Kinder ab 500 Gramm, die ohne Lebenszeichen geboren werden.

Fehlgeburten sind nicht beurkundungspflichtig. Es kann aber auf Wunsch der Eltern eine urkundenähnliche Bescheinigung nach § 31 Abs. 3 Personenstandsverordnung (PStV) verlangt werden.

Österreich
Als **Lebendgeburt,** unabhängig von der Schwangerschaftsdauer, gilt, wenn eine Leibesfrucht beim Austritt aus dem Mutterleib atmet, ein erkennbares Lebenszeichen hat wie Herzschlag, Puls oder Bewegungen willkürlicher Muskeln.

Totgeburt: Kinder mit mindestens 500 Gramm Gewicht, aber ohne jedes Lebenszeichen.

Fehlgeburt: Kinder ohne jedes Lebenszeichen und unter 500 Gramm Gewicht.

Detaillierte gesetzliche Angaben sowie die Broschüre «Stille Geburt und Tod des Kindes nach der Geburt» vom Bundesministerium für Familien und Jugend unter https://www.oesterreich.gv.at/themen/familie_und_partnerschaft/geburt/4.html.

2.2 Eintrag im Personenstandsregister, Ausstellung Familienausweis und Geburtsurkunde

Schweiz
Lebend- und Totgeburten sind meldepflichtig und werden im Personenstandsregister eingetragen und begründen alle mit der Geburt verbundenen Rechte, Fehlgeburten dagegen nicht. Entsprechend besteht bei Lebend- und Totgeburten ein Anspruch auf Eintragung im Personenstandsregister und auf Ausstellung eines Familienausweises und einer Geburtsurkunde.

Seit dem 1. Januar 2019 können Eltern **fehlgeborener** Kinder (also nicht meldepflichtiger Kinder, geboren ohne Lebenszeichen vor 22 vollendeten Wochen) auf Wunsch eine Beurkundung mit

Vor- und Nachnamen ihres Kindes auf dem Zivilstandesamt einfordern. Ein Eintrag ins Personenstandregister ist weiterhin nicht möglich.

Deutschland

§ 31, 3 PStV (Personenstandsverordnung) gibt Eltern von **Fehlgeburten** die Möglichkeit, ihr Kind beim Standesamt dauerhaft dokumentieren zu lassen und ihm damit auch offiziell eine Existenz zu geben. Es handelt sich um eine urkundenähnliche Bescheinigung, aus der keinerlei Recht auf Mutterschutz oder sonstige Leistungen erwächst.

Eine **Totgeburt** wird mit einer Geburtsurkunde mit dem Vermerk «tot geboren» beurkundet. Diese wird beim Standesamt beantragt.

Neugeborenentod: Die Geburt des Kindes wurde mit einer Geburtsurkunde beurkundet. Stirbt dieses Kind nun, wird vom Standesamt eine Sterbeurkunde ausgestellt.

Österreich

Die folgenden Informationen entsprechen der österreichischen Rechtslage und basieren auf der Broschüre «Stille Geburt und Tod des Kindes nach der Geburt», herausgegeben vom Bundesministerium für Familien und Jugend, und auf Angaben der behördenübergreifenden Internetseite https://www.oesterreich.gv.at > Themen > Familie und Partnerschaft > Alles rund um die Geburt eines Kindes > Stille Geburt – Sternenkinder.

Die Meldung einer **Totgeburt** erfolgt beim zuständigen Standesamt. Zuständig ist das Standesamt der Gemeinde, in der der Kindsverlust eingetreten ist, in Statutarstädten das Standesamt des Magistrats und in Wien das Standesamt, in dessen Bereich (Bezirk) die Totgeburt erfolgt ist.

Fehlgeburten müssen grundsätzlich nicht gemeldet werden. Seit 1. April 2017 besteht jedoch die Möglichkeit, auf Antrag der Mutter (oder des Vaters mit Einverständnis der Mutter) das Kind ins Personenstandsregister eintragen zu lassen. Die Eintragung ist freiwillig und zeitlich unbegrenzt rückwirkend (egal wie lange die

Fehlgeburt zurückliegt) in jedem Standesamt oder Standesamtverband der Gemeinde bzw. des Magistrats möglich.

Erforderliche Unterlagen
Für die Eintragung der Fehlgeburt sind ein amtlicher Lichtbildausweis der Mutter sowie eine ärztliche Bestätigung vorzulegen, die Tag und Geschlecht der Fehlgeburt beinhaltet.

Bei ehelicher Fehlgeburt wird die Heirats- oder Partnerschaftsurkunde der Eltern benötigt; bei einem Wohnsitz ausserhalb Österreichs der Nachweis des Hauptwohnsitzes der Eltern.

Totgeburt

Wird ein Kind tot geboren, dokumentiert dies eine Beurkundung im Sterbebuch. Im Allgemeinen wird die Anzeige durch die Krankenanstalt automatisch an das Standesamt übermittelt. In der Urkunde wird der Vorname des Kindes eingetragen. Diese Bescheinigung wird zur Vorlage bei der Arbeitgeberin/beim Arbeitgeber sowie an beim Sozialversicherungsträger benötigt.

Bei unehelichen Kindern hat der Vater, wenn er im Sterbebuch und auf der Bescheinigung auch angeführt werden möchte, seine Vaterschaft anzuerkennen.

Fristen
Die Anzeige hat innerhalb einer Woche zu erfolgen.

Erforderliche Unterlagen
Für die Eintragung einer ehelichen Totgeburt ist die Heiratsurkunde der Eltern vorzulegen, für die Eintragung einer unehelichen Totgeburt die Geburtsurkunde der Mutter. Soll der Vater eingetragen werden, wird auch die Vaterschaftsanerkennung benötigt.

Lebendgeburt (eines Kindes, das aber direkt nach der Geburt stirbt)

Stirbt das Kind unmittelbar nach der Geburt, wird dies sowohl im Geburtenbuch wie auch im Sterbebuch beurkundet. Es werden zwei Geburtsbestätigungen und Geburtsurkunden sowie Todesbestätigungen und Sterbeurkunden ausgestellt. Im Allgemeinen wird die Anzeige durch die Krankenanstalt automatisch an das Standesamt übermittelt. In die Urkunden wird der Vor- und der Nachname des Kindes eingetragen. Diese Bescheinigungen werden zur Vorlage bei der Arbeitgeberin/beim Arbeitgeber sowie beim Sozialversicherungsträger benötigt.

Bei unehelichen Kindern hat der Vater, wenn er im Geburten- und Sterbebuch sowie auf den Bescheinigungen angeführt werden möchte, seine Vaterschaft anzuerkennen.

Fristen
Die Anzeige hat innerhalb einer Woche zu erfolgen.

Erforderliche Unterlagen
Bei ehelicher Totgeburt: Heiratsurkunde, Geburtsurkunde, Staatsbürgerschaftsnachweise, Nachweise über den akademischen Grad oder die Standesbezeichnung der Eltern.

Bei unehelicher Totgeburt: Geburtsurkunde, Staatsbürgerschaftsnachweise, Nachweise über den akademischen Grad oder die Standesbezeichnung der Mutter; wenn die Eintragung des Vaters gewünscht wird, zusätzlich die Vaterschaftsanerkennung.

2.3 Arbeitsrechtliche Regelungen: Kündigungsschutz, Mutter- und Vaterschaftsurlaub

Schweiz
Frauen haben bei Lebend- und Totgeburten gemäss Art. 9 der Zivilstandsverordnung Anspruch auf einen Mutterschaftsurlaub von mindestens 14 Wochen mit Fortzahlung von 80 Prozent des Lohns. Während des Mutterschaftsurlaubs besteht ein Kündigungsschutz. Gemäss Art. 23 der revidierten Erwerbsersatzverordnung besteht der Anspruch auf diese Entschädigung, wenn ein Kind lebensfähig geboren wird oder wenn die Schwangerschaft mindestens 22 vollendete Wochen gedauert hat. Massgebend ist dabei der Tag, an dem das Kind geboren wurde, und nicht der Zeitpunkt des Todes. Bei einer Fehlgeburt (Geburt vor der 23. Schwangerschaftswoche) besteht kein Anspruch auf Mutterschaftsurlaub. Wöchnerinnen dürfen während 8 Wochen nach ihrer Niederkunft nicht beschäf-

tigt werden (Art. 35a Abs. 3 ArG). Möchte die Mutter auf eigenem Wunsch bereits nach diesen 8 Wochen wieder arbeiten, wird empfohlen, eine schriftliche Vereinbarung mit dem Arbeitgeber zu unterzeichnen. Darin können folgende Sondermassnahmen zum Schutz der Wöchnerin geregelt werden: Wiedereinstieg auf Probe mit der Möglichkeit, zurück in den Mutterschutz zu gehen innerhalb des 14-wöchigen Mutterschaftsurlaubs, auf Wunsch reduzierter Wiedereinstieg. Bei einem verfrühten Wiedereinstieg nach 8 Wochen ohne eine solche Sondervereinbarung verfällt das Recht auf den gesetzlich geregelten Mutterschaftsurlaub von 14 Wochen. In diesem Fall besteht nur noch die Möglichkeit einer ärztlichen Krankschreibung.

In der Schweiz ist ein gesetzlich geregelter Vaterschaftsurlaub in Vorbereitung. Zahlreiche Betriebe haben einen Vaterschaftsurlaub bereits in Arbeits- oder Gesamtarbeitsverträgen geregelt.

Deutschland

Bei Fehlgeburten besteht kein Anspruch auf Mutterschutz oder auf Leistungen aus dem Mutterschutzgesetz, sondern lediglich ein viermonatiger Kündigungsschutz.

Bei Totgeburten ab 500 Gramm besteht Anspruch auf vollen Mutterschutz bis zu 18 Wochen (bis zu 6 Wochen vor der Geburt, 8 Wochen nach der Geburt und zusätzlich 4 Wochen, wenn das Kind unter 2500 Gramm wiegt und vor der 36. Schwangerschaftswoche geboren wurde).

Österreich

Wird ein Kind tot geboren oder stirbt es direkt nach der Geburt, darf die Arbeitnehmerin für acht Wochen nach der Entbindung nicht beschäftigt werden (absolutes Beschäftigungsverbot oder Schutzfrist). Bei Frühgeburten, Mehrlingsgeburten oder Kaiserschnittentbindungen erhöht sich der Zeitraum des Mutterschutzes auf zwölf Wochen (§ 5 Abs. 1 Mutterschutzgesetz). Ist eine Verkürzung der Achtwochenfrist vor der Entbindung eingetreten, so verlängert sich die Schutzfrist nach der Entbindung im Ausmass der Verkürzung, höchstens auf insgesamt 16 Wochen. Nach einer Fehlgeburt besteht kein Anspruch auf Mutterschutz. Während der gesundheitlichen Beeinträchtigung nach einer Fehlgeburt besteht die Möglichkeit eines Krankenstandes. Während des Mutterschutzes haben die Mütter Anspruch auf Wochengeld.

Kündigungs- und Entlassungsschutz besteht bei einer Fehlgeburt für vier Wochen, unabhängig davon, ob das Kind gemeldet ist oder nicht. Bei einer Totgeburt kann eine Kündigung oder Entlassung trotzdem erfolgen, meist aber nur nach gerichtlicher Zustimmung.

2.4 Krankenkassenleistungen

Schweiz

Die Leistungspflicht der Krankenkassen bei Schwangerschaft und Geburt ist im KVG geregelt und geht über die Leistungen bei Krankheit hinaus. Seit dem 1. März 2014 sind alle Leistungen der Mutterschaft vom Beginn der 13. Schwangerschaftswoche bis zum Ende der achten Woche nach der Geburt von jeglicher Kostenbeteiligung befreit (Art. 64 Abs. 7 KVG). Die Kosten werden somit ohne Selbstbehalt und im vollen Umfang von der Grundversicherung der Krankenkasse übernommen. Komplikationen während der ersten bis Ende der zwölften Schwangerschaftswoche gelten weiterhin als Krankheit. Dies gilt zum Beispiel bei einer Fehlgeburt bis zur 12. Schwangerschaftswoche. Die Kostenbeteiligung (Franchise und Selbstbehalt zulasten der Frau) bleibt während dieses Zeitraums der Schwangerschaft bestehen. Der Beginn der 13. Schwangerschaftswoche muss von einer Ärztin oder einem Arzt bestätigt werden.

Massgebend für die Definition von Geburt ist auch hier Art. 9 ZStV (als Geburt gilt sowohl eine Lebend- wie auch eine Totgeburt). Für Leistungen aus Zusatzversicherungen gilt dasselbe, das heisst, die versicherten Leistungen können bei Lebend- und Totgeburt in Anspruch genommen werden.

Deutschland

Sowohl bei Fehlgeburten als auch bei Totgeburten besteht Anspruch auf Hebammenleistung, die mit der Krankenkasse abgerechnet werden kann.

Österreich

Familienbeihilfe und Kinderbetreuungsgeld kann beim Tod des Kindes nicht mehr (Meldepflicht) gewährt werden.

2.5 Bestattungsmöglichkeit

Schweiz

Jedes gemäss Art. 9 ZStV lebend oder tot geborene Kind hat Anrecht auf alle verfügbaren Bestattungsmöglichkeiten. Da das Bestattungswesen kantonal und kommunal geregelt ist, müssen die konkret massgebenden Auskünfte jedoch bei der Gemeindeverwaltung der Wohnsitzgemeinde eingeholt werden.

Nicht meldepflichtige Kinder (Fehlgeburten) haben juristisch gesehen kein Anrecht auf Bestattung. In vielen Schweizer Städten und Gemeinden wurden in den letzten Jahren aber spezielle Grabfelder oder Gemeinschaftsgräber für früh verstorbene Kinder geschaffen. Auch eine Kremation nicht meldepflichtiger Kinder ist in der Regel möglich. Ein Gespräch mit den zuständigen Personen/Behörden lohnt sich also in jedem Fall. Gibt es am Wohnort Schwierigkeiten, kann eventuell auch eine Bestattung auf einem Friedhof ausserhalb der eigenen Wohnsitzgemeinde durchgeführt werden.

Auf der Homepage der Fachstelle kindsverlust.ch finden sich aktuelle Listen mit Grabfeldern und Gedenkstätten für frühverstorbene Kinder in der Schweiz (www.kindsverlust.ch > Informationen > Bestattung, Gedenkstätten, Gedenkfeiern).

Deutschland

Bestattungsrecht ist Landesrecht und unterscheidet sich daher von Bundesland zu Bundesland. In allen Bundesländern haben Eltern ein **Bestattungsrecht für ein Kind von Beginn an.** Ausnahme ist Bremen – dort ist eine Bestattung erst ab der 12. Schwangerschaftswoche möglich. Ausnahmen können beantragt werden.

Bestattungspflicht ab einem Geburtsgewicht von 500 Gramm besteht überall ausser in Nordrhein-Westfalen.

Wenn elterliches Bestattungsrecht nicht in Anspruch genommen wurde, sind in manchen Bundesländern die Kliniken verpflichtet, für eine würdevolle Bestattung der nicht bestattungspflichtigen Kinder zu sorgen (Baden Württemberg, Bayern, Bremen, Hamburg, Hessen, Mecklenburg-Vorpommern, Nordrhein-Westfalen, Rheinland-Pfalz, Sachsen und Thüringen). In anderen Bundesländern sprechen die Gesetze noch von «hygienisch einwandfreier Entsorgung». Die jeweils gültigen Vorschriften sind verlinkt bei: https://www.aeternitas.de/inhalt/kind_tod_trauer/sternenkinder/sternenkinder_rechtliches/bundeslandregelungen.

Österreich

In jedem Bundeslang gibt es ein eigenes Bestattungsgesetz. Wien, Niederösterreich, Burgenland, Salzburg, Steiermark und Vorarlberg haben eine Bestattungspflicht für fehl- und totgeborene Kinder.

In Kärnten, Oberösterreich und Tirol besteht für tot geborene Kinder eine Bestattungs*pflicht*, für fehlgeborene Kinder ein Bestattungs*recht*.

In vielen österreichischen Städten und Gemeinden gibt es Gedenkstätten oder Sammelgräber für früh verstorbene Kinder. Auskünfte dazu können bei der zuständigen Friedhofsverwaltung, beim Magistrat oder im Krankenhaus eingeholt werden. Sternenkinder können auch ins Familien- oder in ein Kindergrab gelegt werden. Ein sehr kleines Kind darf in einer Überurne oder in einer Schatulle bestattet werden. Überurnen und Schatullen gibt es in jedem Bestattungsinstitut.

Aktuelle Listen mit Grabfeldern und Gedenkstätten für frühverstorbene Kinder in Österreich und Liechtenstein finden sich im Internet (www.kindsverlust.ch > Informationen > Bestattung, Gedenkstätten, Gedenkfeiern).

II Praktisch-theologische Reflexion

1 Ein normaler Trauerprozess – nur anders

So vielfältig die konkreten Situationen von Fehlgeburt und perinatalem Kindstod sind, so vielfältig sind auch die emotionalen Reaktionen der betroffenen Eltern und Familien. Eines ist aber den meisten Situationen gemeinsam: Wenn Geburt und Tod zusammenfallen, werden tiefste Gefühle von Trauer bis Ohnmacht, von Wut bis Verletztsein geweckt, die oft nur schwer an die Oberfläche kommen und ausgedrückt werden können. Ein früher Kindstod sprengt die normalen Lebenserfahrungen und verkehrt die Hoffnungen der Eltern jäh ins Gegenteil. Von diesem Gefühlschaos sind nicht nur die Eltern betroffen, sondern auch Geschwister, Patinnen und Paten, Grosseltern und alle anderen, die das Kind freudig erwartet haben.

- Gegenüber einem «normalen» Todesfall ist der Trauerprozess bei Fehlgeburt und perinatalem Kindstod massiv erschwert: Geburt und Tod, zwei normalerweise weit auseinanderliegende Ereignisse, rücken ganz nahe zusammen. Unterschiedlichere und gegensätzlichere Emotionen könnten nicht aufeinandertreffen: Das wunderbare Glück des neuen Lebens muss erst bestaunt und dann betrauert werden, und beides fast gleichzeitig.
  → Seelsorgliche Begleitung kann den Eltern dabei helfen, beide «Gefühlspole» zu durchleben und die Widersprüchlichkeit ihrer Gefühle auszuhalten. Auch ein verstorbenes Kind oder ein Kind, dessen Leben vor/während der Geburt gefährdet ist, muss begrüsst, beachtet und willkommen geheissen werden. Nur dann können die Eltern auch den Abschied vom Kind, mit allen Gefühlen von Trauer, Ohnmacht, Wut und Schmerz, durchleben.
- Liturgisch/sakramental gesprochen fallen bei Fehlgeburt und perinatalem Kindstod zwei traditionelle Rituale zusammen: Taufe und Beerdigung. Zwei wichtige, normalerweise weit auseinan-

derliegende Schritte müssen fast gleichzeitig – und eventuell auch in einer einzigen Feier – vollzogen werden. Für dieses Doppelritual gibt es keine Traditionen, die als «Muster» dienen könnten.

→ Seelsorgende sind bei Fehlgeburt und perinatalem Kindstod auch als kreative Liturg/-innen gefragt.

- Eine Fehl- oder Totgeburt wird von den Eltern, aber auch von der Gesellschaft oft nicht als Trauerfall wahrgenommen. («Das war doch noch gar kein richtiges Kind, so klein war es …», «Du kannst doch wieder schwanger werden …» usw.). Neben dem Verlust muss in der Familie, am Arbeitsplatz oder auch im Spital des Öftern um das Recht auf Trauer gekämpft werden.

→ Die Seelsorgende versuchen Raum zu schaffen, damit dieses Recht auf Trauer selbstverständlich wird.

- In unserer Gesellschaft wird in Zusammenhang mit Schwangerschaft und Geburt meist nur von Glück und Segen gesprochen. Auch die immer weiter perfektionierten Möglichkeiten der Neonatologie lassen Fehlgeburt und perinatalen Kindstod als Ausnahme, als «Unglücksfall» o.ä. erscheinen. Nur wenige Eltern rechnen mit dem Schlimmsten, dem Tod. Dass etwas Unerfreuliches passieren könnte, ist oft tabu. Umso grösser die Überraschung, der Schock und die Unsicherheit.

→ Es sensibilisiert die ganze Kirchgemeinde, wenn die Seelsorgenden auch ausserhalb der unmittelbaren Situation von Fehlgeburt und Kindstod das Thema ansprechen, bei Taufen, in der Predigt, in der Elternarbeit, im Unterricht usw. Die Möglichkeit von Fehlgeburt und Kindstod bleibt so kein pastorales Tabu.

- Innere Leere und Trauer bei einem Kindstod sind schwer kommunizierbar. Bei anderen Todesfällen gibt es eine gemeinsame Geschichte und eine Biografie; Erinnerungen und Erzählungen über die verstorbene Person können befreiend sein. Bei Fehlgeburt und Kindstod gibt es «nur» Erinnerungen an die Schwangerschaft – und eine enttäuschte Erwartung. Diese Leere muss benannt und ausgehalten werden.

→ Es ist wichtig, dass die Seelsorgenden die innere Leere mit den Eltern gemeinsam aushalten und die Eltern ermutigen, die innere Beziehung zu ihrem Kind zu vertiefen.

- Bei einer frühen Fehlgeburt sind die Eltern oft allein: Verwandte und Freunde wussten vielleicht noch gar nichts von der Schwangerschaft, es gibt keine «Zeugen» für das Kind – und damit auch wenige oder gar keine Menschen, die die Trauer teilen können.

  → Die Seelsorgenden ermutigen die Eltern, ihrer Familie und ihrem Umfeld von ihrem Kind zu erzählen und vielleicht auch eine Geburts- und Todesanzeige zu verschicken. Dabei sollte jedoch auch realistisch eingeschätzt werden, bei welchen Personen eine solche Nachricht «auf fruchtbaren Boden fällt» – Unverständnis und Ablehnung können zusätzlich verletzen.

- Stirbt ein Kind, dann stirbt für viele Eltern auch ein Teil ihrer selbst. Das Kind – noch ohne eigene Geschichte – ist auch Ausdruck ihrer eigenen Hoffnungen und Wünsche, ihrer Zukunft. Es sind innere, oft unbewusste Bilder, die noch nicht – und nun nicht mehr – zum Ausdruck gebracht werden konnten.

  → Die Seelsorgenden lassen nicht nur der Trauer ihren Raum, sie sind auch besorgt, dass die Eltern von ihren Hoffnungen und Träumen für das Kind erzählen können.

- Vor allem die Mütter machen sich oft Selbstvorwürfe, am Tod ihres Kindes doch irgendwie (mit)schuldig zu sein. «Hätte ich doch, wäre ich nicht, dann …».

  → Seelsorgende können – gerade als Aussenstehende im Spitalablauf und medizinische Laien – mit den Eltern manchmal unbefangener als das Spitalpersonal über die Todesursache sprechen. Auch eine medizinische Abklärung der Todesursache kann helfen (wobei jedoch berücksichtigt werden muss, dass oft keine konkrete Ursache festgestellt werden kann). Sehr wichtig für viele Eltern ist die Frage, ob die Fehlgeburt Auswirkungen auf eine mögliche Folgeschwangerschaft hat und ob es wieder zu einer Fehlgeburt kommen könnte.

- Das Selbstwertgefühl der Frau kann sehr angeschlagen sein: «Ich kann kein Kind bekommen.» «Ich kann nichts, ich bin nichts.» «Alle können Mutter werden, nur ich nicht.»

  Bei überraschendem Tod des Kindes kommt zum Schock oft die körperliche Schwäche der Frau hinzu (lange Geburt, Kaiserschnitt). Körperliche Veränderungen machen zusätzlich zu schaffen: Eventuell fliesst Milch, der Körper ist weiterhin auf

Mutterschaft ausgerichtet. Mit der hormonellen Umstellung nach der Geburt kann auch seelische Labilität einhergehen: Die Mutter kann «dünnhäutig» sein, möglicherweise auch verletzlich oder sogar depressiv – andererseits aber auch euphorisch und voller Energie, was den Trauerprozess fördern kann.

Befindet sich die Mutter im Spital, ist sie in einer fremden Umgebung. Das vertraute Zuhause, ihr nahestehende Menschen fehlen, sie fühlt sich eventuell unsicher. Die Hauptbezugspersonen sind hier das medizinische Personal, also Menschen, die gerade erst ins Beziehungsumfeld getreten sind. Umso wichtiger ist es, dass rasch Kontakte mit dem Familienumfeld, mit Freundinnen und Freunden hergestellt werden.

- Schmerz und Trauer können Gespräche zwischen Ehepaaren erschweren oder ganz verstummen lassen. Manchmal gründet das gegenseitige Verschlossensein im Wunsch, den Partner bzw. die Partnerin zu schonen. Sprachlosigkeit, Ohnmacht und individuelle Trauerwege können Angst um die Zukunft der Ehe auslösen oder gar zur Trennung führen.

- Mit dem Tod eines Kindes, besonders des ersten und eventuell einzigen, müssen Partner gleichzeitig Abschied nehmen von den eigenen Zukunftsvorstellungen, Eltern, Mutter oder Vater zu werden, eine Familie zu gründen. Meist haben sie sich bereits auf die neue Familiensituation eingestellt, sie haben z. B. ein Kinderzimmer eingerichtet, die Arbeit gekündigt oder die Wohnung vergrössert. Die nun entstehende Leere ist gross.

  → Wenn das Kind begrüsst und gewürdigt wird, können sich auch die Eltern als Eltern wertgeschätzt fühlen.

- Der Zeitpunkt, zu dem ein Kind stirbt (frühe, mittlere oder späte Schwangerschaft) kann die Gefühle beeinflussen, muss aber nicht: Bei einer späten Fehl- oder Totgeburt ist die Beziehung zum Kind oft schon recht konkret, und es gibt Erinnerungen zum Aufbewahren (Ultraschallbilder, Fussabdruck, Fotos und Videos). Dies erleichtert den Trauerprozess. Bei einem sehr frühen Kindstod ist das nicht möglich. Die Gefühle für das Kind sind oft noch diffus, und auch das eigene Leben ist noch nicht so stark auf das Kind ausgerichtet. Die Trauer kann trotzdem sehr tief gehen und ist umso schwerer zu verarbeiten.

- Wenn Eltern ihr sterbendes oder schon verstorbenes Kindes nicht sehen oder begrüssen wollen, kann das manchmal auch ein gesunder Schutz oder ein Widerstand sein, der das seelische Überleben der Eltern in der akuten Situation erst ermöglicht. Widerstand und Abwehr haben ihre Funktion. Sie bewahren vor noch grösseren Einbrüchen.

  → Wichtig ist, dass Seelsorgende auch hier mit den Eltern zusammen Suchende, Tastende bleiben, nicht Wissende, Ziehende, Drängelnde, die Widerstände brechen wollen. Für die Eltern geht in einer solchen Krisensituation sowieso alles viel zu schnell – einerseits; andererseits ist ein persönlicher Kontakt mit dem Kind später nie mehr möglich. Wenn es definitiv zu keiner persönlichen Begegnung mit dem Kind kommt, ist es besonders wichtig, dass Erinnerungen an das Kind bewahrt und z. B. im Spital aufbewahrt werden, damit sie den Eltern – vielleicht auch lange nach dem Kindstod – zur Verfügung stehen.

- Wenn ein Kind zwar lebendig zur Welt kommt, aber wahrscheinlich bald sterben wird, wird es noch schwieriger: Dann trauen sich Eltern aus Angst vor noch grösserem Schmerz oft kaum, eine emotionale Beziehung zu ihrem Kind aufzubauen. Doch gerade das ist nötig, nicht nur für das Kind und die Eltern, sondern auch fürs Abschiednehmen und den Trauerprozess.

  → Es ist wichtig, dass die Seelsorgenden die Eltern darin unterstützen, für ihr Kind Eltern zu sein in der Form und für die Zeit, in der dies möglich ist. Nur wo es eine Beziehung gibt, kann auch getrauert und verabschiedet werden – und die kurze verbleibende Lebenszeit des Kindes ist die einzige gemeinsame Zeit mit ihm!

- Ganz eigene Fragen stellen sich, wenn der Kindstod nicht plötzlich und unerwartet eintritt, sondern wenn für das Kind aufgrund einer pränatalen Diagnose nur sehr geringe Lebenschancen vermutet werden. Viele Eltern entscheiden sich in dieser Situation zu einem Schwangerschaftsabbruch und müssen sich dann – neben der Trauer um ihr Kind – auch mit ihrer (Mit-) Verantwortung am Tod des Kindes und eventuell mit Schuldgefühlen auseinandersetzen. Andere Eltern entscheiden sich trotzdem für das Austragen der Schwangerschaft und müssen dann lernen, mit dem höchstwahrscheinlichen Tod des Kindes nach der Geburt umzugehen.

→ Sofern Seelsorgende bereits vor/während der Phase der prä-natalen Diagnostik Kontakt mit den Eltern haben, können sie sie ermutigen, sich genau zu überlegen, ob und welche Unter-suchungen sie wirklich wünschen und wie sie später mit einem belastenden Untersuchungsergebnis umgehen wollen. Auch nach der Diagnose ist es wichtig, gemeinsam mit weiteren Fachper-sonen (Ärzt/-innen, Hebamme) Zeit und Raum für die an-stehenden Entscheidungen (Geburtseinleitung, Austragen der Schwangerschaft usw.) zu schaffen und die seelischen Prozesse zu begleiten.

- Wurde die Schwangerschaft von Mutter oder Vater ambivalent erlebt, kann der Tod eines Kindes auch Erleichterung, gar Befrei-ung bedeuten. Eine Befreiung kann zum Beispiel sein, dass die Angst wegfällt, für ein erwartetes behindertes Kind sorgen zu müssen. Positive Gefühle können sich auch einstellen, wenn die Schwangerschaft eigentlich unerwünscht war oder wenn Sorgen um Finanzen, Arbeitsplatz, Wohnung usw. die Schwangerschaft stark belastet haben.

  → Seelsorgende haben solche Gefühle zu respektieren. Selbst wenn Eltern den Kindstod mit Erleichterung aufnehmen, kön-nen sich – eventuell zu einem späteren Zeitpunkt – noch Trauer oder Schmerz einstellen.

- Auch Geschwister haben es schwer, wenn ihre Schwester oder ihr Bruder stirbt, doch ihre Not wird im Trauerprozess leicht übersehen. Kinder spüren intensiv, dass etwas Trauriges, Be-drohliches geschehen ist – selbst wenn sie noch zu jung sind oder die Schwangerschaft zu wenig fortgeschritten war, als dass sie «verstehen» könnten, worum es genau geht. Auch bei Kindern kann es zudem zu Schuldgefühlen kommen, wenn sie ihre Schwester, ihren Bruder beispielsweise eher besorgt, vielleicht eifersüchtig erwartet haben. Nicht zuletzt haben Kinder ihren eigenen, manchmal unbefangeneren Umgang mit dem Tod. Und schliesslich sind Eltern auch nicht davor gefeit, positive oder negative Gefühle dem verstorbenen Kind gegenüber auf ihre anderen Kinder zu übertragen.

→ Seelsorgende können Eltern dabei unterstützen, die Bedürfnisse ihrer Kinder auch in der Krisensituation wahrzunehmen.

• Fehlgeburt und perinataler Kindstod werden in verschiedenen Kulturen und Religionen ganz unterschiedlich wahrgenommen. Während die Achtsamkeit gegenüber Fehlgeburt und Kindstod in den mitteleuropäischen Gesellschaften allmählich wächst, sind solche Erfahrungen in anderen Kulturen oft selbstverständlicher, z. T. aber auch mit Wertungen oder auch der Abwertung der betroffenen Mütter verbunden. Dies ist – je nach kulturellem Hintergrund der Eltern – zu beachten, gerade auch dann, wenn es sich um eine kultur- oder religionsverbindende Partnerschaft handelt.

Jede Situation von Fehlgeburt oder perinatalem Kindstod ist einzigartig. Die individuellen Trauerprozesse folgen keinen einheitlichen Regeln. Häufig treten sogar widersprüchliche Gefühle auf. Deshalb hören die Seelsorgenden den betroffenen Eltern oder Familien gut zu und versuchen zu spüren, was sie in ihrer konkreten Situation bewegt. Sie ermutigen die Eltern, ihre persönlichen, eventuell auch chaotischen Gefühle wahrzunehmen und auszuhalten.

2 Theologische Aspekte

Bei der theologischen Reflexion über Fehlgeburt und perinatalen Kindstod, aber auch bei der Vorbereitung von Ritualen, Segnungsfeiern, Beerdigungen, Predigten usw. können folgende Gedanken helfen:

- Jeder Mensch, und habe er/sie auch noch so kurz gelebt, ist von Gott geliebt und bejaht. Gottes Ja zu jedem Menschen und auch die Verheissung eines Lebens über den Tod hinaus gelten unwiderruflich auch für jedes früh verstorbene Kind. «Ich habe dich bei deinem Namen gerufen – du gehörst zu mir» (nach Jes 43,1).

- Jedem Menschen, auch jedem Kind im Mutterleib, kommt die volle Würde aller Menschen zu. Und auch jedes früh verstorbene Kind ist ein einmaliges, unverwechselbares Abbild Gottes.

- Auch wenn ausser den Eltern noch niemand von der Schwangerschaft wusste – Gott weiss um das Kind, Gott ist Zeuge seines/ihres Lebens. Gott schenkt und achtet jedes Leben, bei ihm geht auch das kleinste Kind nicht vergessen. Martin Buber drückt das in der freien Übersetzung des hebräischen Gottesnamens aus: «Ich bin da».

- «Meine Gedanken sind nicht eure Gedanken, und eure Wege sind nicht meine Wege» (Jes 55,8); «Bei Gott sind ein Tag wie tausend Jahre und tausend Jahre wie ein Tag» (Ps 90,4; 2 Petr 3,8) … Wenn solche biblisch-theologischen Aussagen einfühlsam mit den Eltern gemeinsam ertastet werden, können sie vielleicht dabei helfen, das so kurze Leben des Kindes trotz allem als vollkommenes, auf geheimnisvolle Weise vollendetes Leben wahrzunehmen.

- Für Eltern ist es oft wichtig zu spüren, dass ihr Kind nicht ins Leere fällt: Wir geben unser Kind nicht einfach ins Nichts, sondern legen es – zum Beispiel – in Gottes Hand, in Abrahams (und Saras) Schoss, wir legen es Gott ans Herz, wir wünschen ihm Begleitung durch Christus … Hier sind biblische, lebensnahe, emotional ansprechende und theologisch verantwortete Gottesbilder, Sprachbilder und Metaphern gefragt, die Eltern auf dem schwierigen Weg begleiten, ihr Kind Schritt für Schritt loszulassen.

- Die Theodizee-Frage stellt sich beim frühen Kindstod in besonderer Schärfe – und sie bleibt genauso unbeantwortbar wie sonst auch. Wenn überhaupt, dann helfen hier nur gemeinsames Fragen und Suchen weiter. Fertige Antworten dagegen können sehr verletzen und das ungewisse Fragen und Suchen abwerten. Sofern dem suchend-fragenden Umgang mit der Theodizee-Frage Raum zugestanden wird, darf aber auch daran erinnert werden: Das Spezifische des christlichen Gottesbildes liegt darin, dass Gott sich nicht aus dem Leid der Welt heraushält, sondern sich davon berühren lässt, Anteil nimmt und solidarisch wird mit uns. Gott sieht meine Tränen. Gott tröstet mich und gibt mir Kraft zum Überleben und Weiterleben. Gott als Kraft des Trotzdem, als Aufschrei gegen das Sinnlose, Unfassbare. Gott schreit mit Jesus am Kreuz: «Warum, warum hast du mich verlassen?» (Mk 15,34) In einem solchen Gottesbild sind auch Schmerz und Trauer um ein verlorenes Kind aufgehoben. Nicht zuletzt kann die Sinnfrage dabei auch als Frage offen bleiben: Wir kennen die Antwort nicht, aber wir können Gott die Frage danach stellen.

  Schwierig für die seelsorgliche Begleitung ist dabei jedoch, dass es bei den Eltern zu heftigen Ambivalenzen im Gottesbild kommen kann: Für ihr Kind wünschen sie sich einen liebevollen, zärtlichen Gott – doch sie selbst erleben Gott in dieser Situation oft ganz anders: unberechenbar, eventuell sogar bösartig, grausam. Die Erfahrung eines frühen Kindstods kann so zum Ausgangspunkt einer neuen Frage nach Gott und Gottesbildern werden. Dabei müssen jedoch auch Spannungen und Ambivalenzen ausgehalten werden – sie verweisen darauf, dass wir uns Gott nicht «zurechtbiegen» können.

- Fehlgeburt und perinataler Kindstod sind tragische, einschneidende Ereignisse – und trotzdem: Früher Kindstod ist Teil der Natur, und das heisst theologisch gesprochen: Teil der Schöpfung. Früher Kindstod fordert deshalb auch dazu heraus, Schöpfung neu zu verstehen – als ein natürliches Kommen und Gehen, Entstehen und Vergehen, Geburt und Tod. Beides gehört zum Leben, wie das Kommen und Gehen der Wellen des Meeres. Vielleicht kann diese überaus schmerzhafte Erfahrung, das eigene Kind verloren zu haben, auch auf überraschende Weise für die Eltern selbst und für andere Menschen fruchtbar werden. So könnte zum Beispiel eine neue Sensibilität für die Schönheit und Zerbrechlichkeit des Lebens wachsen.

- Öfters werden Eltern von Schuldgefühlen gegenüber ihrem verstorbenen Kind geplagt. Das muss zunächst ernst genommen werden. Eltern brauchen Raum, auch solche Gefühle zu äussern und damit auf Verständnis zu stossen, selbst wenn sie für Aussenstehende unbegründet erscheinen. Hinter Schuldgefühlen kann jedoch auch ein «magisches» Weltverständnis stehen, zum Beispiel die Vorstellung, dass das Kind gestorben sei, weil es nicht wirklich angenommen werden konnte. Demgegenüber ist – in Empathie, aber auch in Entschiedenheit – an christliche Gottesbilder zu erinnern: Gott schickt Menschen nicht Leid, um sie zu strafen, und Gott lässt schon gar nicht Kinder für vermeintliche Fehler seiner Eltern büssen. Gott bleibt aber auch unverfügbar, bei allem Guten, was wir uns von Gott ersehnen.

- Auferstehung hat bei Fehlgeburt und Kindstod (mindestens) zwei Facetten: Für das verstorbene Kind dürfen wir zutiefst darauf vertrauen, dass es bei Gott gut aufgehoben und geborgen ist, dass sich sein – auch noch so kurzes – Leben bei Gott in aller Fülle vollendet, und zwar jenseits aller Fragen nach der Heilsbedeutsamkeit der Taufe in der traditionellen Theologie.

Was aber ist mit dem Wieder-Aufstehen, der Auferstehung der betroffenen Eltern/Familie? Dasselbe griechische Wort, *egeiro*, wird im Neuen Testament sowohl für «aufstehen» im alltäglichen Sinn wie auch für «auferstehen» in seiner ganzen Bedeutungsfülle verwendet. Auf(er)stehen bedeutet deshalb auch: befreit werden, aufbrechen oder neu beginnen.

Im Zusammenhang mit Fehlgeburt und Kindstod heisst auf(er)-stehen sicher zunächst einmal, die tiefe Nacht aushalten, wahrnehmen, wie viel Zeit und Raum Trauer und Erschöpfung in Anspruch nehmen. Vor dem Ostersonntag müssen Karfreitag und Karsamstag durchlebt werden, und dieser Prozess dauert länger als drei Tage. Auf(er)stehen heisst in dieser Phase vielleicht, sich nicht vom Warum erdrücken lassen, sondern sich von Freunden, von der Familie, aber auch vom mit-leidenden Gott begleitet wissen. Auf(er)stehen bedeutet aber auch, das Licht im Dunkeln anzusprechen, wenn es noch nicht sichtbar ist, sich daran erinnern, dass auch die längste Nacht nicht endlos ist. So kann sich mit der Zeit der Blick wieder weiten, können sich die Augen öffnen für das Licht am Horizont.

Auf(er)stehenserfahrungen kann man sich nicht irgendwo «holen» oder «machen», sie sind ein Geschenk. In gewisser Weise kann ich aber durch meine innere Haltung dazu beitragen, dass Auf(er)stehungserfahrungen möglich werden – und dass ich überhaupt wahrnehme, wenn in meinem Leben allmählich der Ostersonntag anbricht. In diesem Sinne kann es für betroffene Eltern durchaus eine Ostererfahrung sein, einen schönen, fröhlichen Tag zu geniessen, ohne bei der Erinnerung an ihr verstorbenes Kind in die Traurigkeit zurückzufallen.

Darüber hinaus kann auf(er)stehen aber auch bedeuten, dass betroffene Eltern neue Lebensperspektiven entwickeln: Perspektiven, die das verstorbene Kind zwar nicht ersetzen, aber doch über es hinausgehen – sei es durch aktives Annehmen ihres Lebensweges mit vielleicht bereits vorhandenen oder auch ohne Kinder, sei es durch andere Lebensprojekte, die Liebe, Zeit und Energie erfordern, oder sei es im Sich-Einlassen auf eine neue Schwangerschaft, was nach der schweren Erfahrung eines frühen Kindstods alles andere als selbstverständlich und einfach ist. Welch eine Ostererfahrung, wenn eine nächste Schwangerschaft einigermassen angstfrei durchlebt werden kann!

Für Eltern, die bereits Kinder haben, kann auf(er)stehen aber auch sehr konkrete Formen annehmen, indem sie auf eine gute Balance zwischen ihren eigenen Gefühlen und denen ihrer Kinder achten: Kindern brauchen – erst recht nach dem Tod eines Geschwisters – Liebe und Aufmerksamkeit, die ihnen *selbst* zukommt, und zwar nicht ihnen als Stellvertreterobjekten für das verstorbene Geschwister. Für Eltern liegt darin sicher eine besondere Herausforderung, aber auch eine Chance: Manche können sich von der Lebensfreude anstecken lassen, die sich bei ihren Kindern – vielleicht – anders, unbefangener und schneller wieder zeigt als bei ihnen selbst.

- Zeichen, Rituale und Sakramente können eine grosse Hilfe sein, die unfassbaren Situationen von Fehlgeburt/Kindstod wahrzunehmen, innerlich «ankommen» zu lassen und zu verarbeiten. Rituale drücken aus, was mit Worten nicht gesagt werden kann. Sie nehmen innere Bilder und Fragen auf und geben ihnen eine äusserlich sichtbare, erlebbare, anfassbare Form. Mehr noch: Rituale begleiten und gestalten lebensgeschichtliche Übergänge. Und gerade Begrüssung und Abschied, Taufe und Beerdigung sind zwei klassische Übergangsrituale («rites des passage»). Werden sie sorgfältig und gemeinsam mit den Eltern gestaltet, können sie eine unschätzbare Hilfe bei der Trauerarbeit sein. Weil es kaum gemeinsame Erlebnisse mit dem Kind gibt, sind solche Rituale auch als spätere Erinnerungen an das Kind sehr wichtig. Seelsorgende sind somit ganz besonders in ihrer Kompetenz als Fachleute für Feiern und Rituale gefragt.

Je nach religiöser Ausrichtung oder Konfession der Eltern stellt sich auch die Frage nach der Taufe. Wenn das Leben des Kindes bei der Geburt gefährdet ist, sollte die Frage der Taufe/Nottaufe möglichst bereits vor der Geburt mit den Eltern besprochen werden. Schon die innere Auseinandersetzung mit der Taufe kann den Eltern helfen, ihr Kind trotz aller Ängste und Gefahren als lebendiges Kind willkommen zu heissen und es Gott ans Herz zu legen.

Ist eine Taufe vorgesehen, müssen Hebammen, ÄrztInnen, Spitalpersonal usw. darüber informiert und in die Diskussion einbezogen werden, damit die medizinischen Massnahmen für das Kind und die Taufe gut koordiniert werden können.

Gelegentlich wünschen Eltern auch dann eine Taufe, wenn ihr Kind voraussichtlich tot zur Welt kommen wird oder bereits gestorben ist. Hinter diesem Wunsch verbirgt sich oft der Wunsch, das Kind gerade in der Notsituation bei Gott geborgen zu wissen. Daneben können – ausgesprochen oder unausgesprochen – aber auch Hoffnungen und Ängste mitschwingen, die aus theologischer Sicht problematisch sind: «Vielleicht rettet Gott unser Kind dann doch noch» (beim Wunsch nach Taufe eines bedrohten Kindes im Mutterleib), «Wir wollen nicht, dass unser Kind in die Hölle kommt ...» (bei einem bereits verstorbenen Kind) usw.

Da hinter solchen Äusserungen tiefe Gefühle und oftmals auch schwer aufzuarbeitende Glaubensbiografien stecken, sollten Seelsorger/-innen den Eltern nicht primär auf theologischer Ebene beizubringen versuchen, dass und warum die Taufe eines verstorbenen Kindes nicht möglich ist. Es kann zwar hilfreich sein, besorgte Eltern an die grenzenlose Liebe und Gnade Gottes zu erinnern, die ganz sicher auch früh verstorbene Kinder einschliesst (vgl. z. B. Ps 36,6, Mk 10,13–16, Röm 8,38 f., Mk 10,27). Auf den Wunsch, ein bereits gestorbenes Kind taufen zu lassen, darf aber nicht in einem blossen Gespräch eingegangen werden. Wichtig ist vielmehr, den Eltern eine andere Form der Segnungs- oder Begrüssungsfeier für ihr Kind vorzuschlagen. Je nach Konfession und religiöser Tradition können Segnungsfeiern mit (Weih-)Wasser, Salböl usw. gestaltet werden, die das Anliegen der Eltern nach liturgisch-symbolischer Verdichtung aufnehmen, ohne eine Taufe zu simulieren. Die weiterführenden seelsorglichen und theologischen Fragen können in einer längerfristigen Begleitung thematisiert werden.

Hilfreich ist seelsorgliches Engagement auf dem Hintergrund einer Theologie, die mit den Eltern gemeinsam sucht, fragt, klagt, hofft.
Die persönlichen Sinnfragen können angesprochen werden, und die grossen Schätze der biblisch-kirchlichen Tradition können weitertragen und Wunden heilen.
Aber: Sowohl die Fragen als auch die Antworten der Eltern sind individuell höchst unterschiedlich.
Die Theodizee-Frage beispielsweise kann für die einen absolut zentral sein, für andere belanglos, und wieder andere haben sie für sich persönlich längst geklärt.

3   Fehlgeburt und Kindstod in der Bibel

Kindsverluste werden gelegentlich auch in den biblischen Schriften erwähnt. Damals war jede Geburt – wie auch bei uns noch bis ins 20. Jahrhundert hinein – mit erheblichen Gefahren für das Leben des Kindes *und* der Mutter verbunden, und viele Kinder starben noch in den ersten Lebensjahren an Krankheiten, Hunger oder auch in Kriegen. Diese Alltagserfahrungen spiegeln sich im Ersten Testament darin, dass ein einziges hebräisches Wort (*schakol*) das ganze Wortfeld rund um die Gefährdung von Kindern vor *und* nach der Geburt abdeckt. *Schakol* bedeutet ungefähr *der Kinder beraubt werden / eine Fehlgeburt erleiden / unfruchtbar sein.*

Fehlgeburt und perinataler Kindstod wurden nach dem Zeugnis der biblischen Schriften als grosse Not und wohl auch als traumatisierende Ereignisse erfahren, und die Befreiung davon gehört zu den tiefen Hoffnungen für ein glückliches Leben:

- Die erste eigenständige Tat Elischas nach der Entrückung seines Lehrers Elija war die Reinigund des Wassers von Jericho, damit es dort keine Krankheiten und Fehlgeburten mehr gibt (2 Kön 2,19–21). Es sind interessanterweise die *Männer* von Jericho, die Elischa darum bitten!
- Die Landverheissung für Israel wird am Ende des so genannten Bundesbuches u. a. dadurch charakterisiert, dass dort keine Frau mehr eine Fehlgeburt erleiden werde (Ex 23,25 f.).
- Das ungeborene Kind im Mutterleib geniesst Rechtsschutz: Wenn Männer im Streit eine schwangere Frau verletzen und so eine Fehlgeburt verursachen, muss eine Busse bezahlt werden (Ex 21,22).
- In einer endzeitlichen Verheissung aus dem Jesaja-Buch (Tritojesaja) wird das – gute! – Schicksal der neugeborenen Kinder wie auch der alten Menschen zum Zeichen für Gottes Heil: «Ich will über Jerusalem jubeln und mich freuen über mein Volk. Nie mehr hört man dort lautes Weinen und lautes Klagen. Dort gibt es keinen Säugling mehr, der nur wenige Tage lebt, und keinen Greis, der nicht das volle Alter erreicht ...» (Jes 65,19 f.).

Zahlreicher als diese hoffnungsvollen Stellen sind jedoch solche, in denen grosses Erschrecken über Fehlgeburt oder Kindstod zum Ausdruck kommt (Num 12,11 f.), Fehlgeburt oder Kindstod zum Symbol für ein nicht mehr als lebenswert empfundenes Leben (Koh 6,3–6; Ijob 3,11–16) oder gar zur Verwünschung der Feinde instrumentalisiert wird (Ps 58,8 f.).

III Seelsorgliche Begleitung

1 Vorbereitung auf das Erstgespräch

Menschen im Trauerprozess zu begleiten heisst unter anderem, Raum und Zeit zu geben, damit sie ihre Gefühle und ihre geistig-religiösen Kraftquellen und Orientierungen wahrnehmen, womöglich zur Sprache bringen und aus ihnen schöpfen können. Dabei sind Seelsorgende nicht nur als Fachperson gefragt, sondern ebenso dringend als emotional wahrnehmbares, spürbares Gegenüber. Gerade wenn Eltern mit widersprüchlichen, diffusen Gefühlen ringen, brauchen sie ein Gegenüber, das nicht teilnahmslos oder gefühlskalt, aber auch nicht kopflos agiert.

Sofern die Seelsorgerin oder der Seelsorger die betroffenen Eltern und ihre Situation nicht bereits kennt, wird in der Regel ein erstes Gespräch zur Kontaktaufnahme nötig sein. Schon im Erstgespräch können Seelsorgende dazu beitragen, dass sich die Eltern später dauerhafter, nachhaltiger an ihr Kind erinnern können. Sie sollen sich deshalb von den Eltern erzählen lassen, was sie mit ihrem Kind erlebt haben.

Wenn eine Begrüssungs-/Abschiedsfeier geplant ist, sollten gegen Ende des Erstgesprächs auch erste Ideen dafür gesammelt werden. Für die konkrete Vorbereitung der Feier ist in der Regel ein zweites Gespräch erforderlich.

So hilfreich eine Feier sein kann – letztlich entscheiden die Eltern, was sie für ihren Trauerprozess wünschen. Seelsorgliche Begleitung ist auch dann wichtig, wenn es zu keiner Symbolhandlung oder Feier kommt.

Die folgende Checkliste kann bei der Vorbereitung des ersten Seelsorgegesprächs hilfreich sein. Dabei geht es nicht darum, immer an alles zu denken. Die Liste soll aber dazu dienen, die Weite der individuellen Situation auszuloten.

Ich erfahre vom Tod eines Kindes vor, während, nach der Geburt

Vor dem Gespräch mit den Eltern

- Was habe ich gehört? Wie wurde es mir mitgeteilt? Von wem?
- Was habe ich zwischen den Zeilen mitgehört?
- Brauche ich noch mehr Informationen? Medizinische, fachliche, seelsorgliche, psychologische, organisatorische?
- Wer weiss bisher von der Situation, wer soll noch miteinbezogen werden (Familie/Freundeskreis der betroffenen Eltern, Paten des Kindes)?
- Mit wem muss ich mich noch absprechen (Spitalseelsorge, Geburtshilfe, Pfleger/-innen, Ärzt/-innen, Psycholog/-innen ...)?
- Wo kann das Gespräch ungestört stattfinden (Spital – eventuell Mehrbettzimmer! –, Besprechungs-/Ärztezimmer, mit einem Zettel an Tür ...)?

Zur Selbstreflexion

- *Wie geht es mir? Meine Gefühle, Erinnerungen an ähnliche Situationen, meine (Familien-) Geschichte?*
- *Welche Befürchtungen habe ich?*
- *Was brauche ich jetzt vor dem Gespräch mit den Angehörigen? (Gespräch mit Fachperson, Kolleg/-in, Freund/-in, kurze Ruhepause, ein Gebet; soll ich etwas mitnehmen?)*
- *Habe ich mir genug Freiraum geschaffen für das Gespräch und die Zeit danach?*

Was ich in der Begegnung mit Mutter und Vater ansprechen/ erspüren muss

- Wie geht es den Eltern emotional?
- Wie geht es den Eltern (besonders der Mutter) körperlich/gesundheitlich?
- Wie geht es – gegebenenfalls – den Geschwistern des verstorbenen Kindes?
- Was haben die Eltern nach der Geburt mit ihrem Kind erlebt, an ihm wahrgenommen? Wollten/konnten sie es überhaupt sehen? Wie sah/sieht es aus, wie hat es geschaut, hat es geschrien, wie hat es sich angefühlt, wie hat seine Haut geschmeckt, Haarfarbe usw.?

- Ist es möglich, das Kind während des Gesprächs oder im Anschluss daran mit den Eltern gemeinsam zu sehen? Wollen die Eltern es eventuell (noch einmal/zum ersten Mal) allein sehen?
- Wie reden die Eltern von ihrem Kind? Haben sie ihm einen Namen gegeben, gibt es einen Kosenamen? Was fällt mir auf – Worte, Formulierungen, Emotionen, Körpersprache?
- Was beschäftigt die Mutter, den Vater momentan am meisten?
- Wer hat das Kind schon gesehen, wer will/darf/sollte es sonst noch sehen (Geschwister, Grosseltern, Paten, Freund/-innen)?
- Sind bereits Erinnerungsstücke an das Kind vorhanden?
- Wie ist es den Eltern in der Schwangerschaft gegangen, was erzählen sie von ihren Hoffnungen, Freuden, Ängsten und Beschwerden?
- Gab es Anzeichen für den Kindstod? Kam der Kindstod für die Eltern überraschend oder haben sie ihn schon erahnt?
- Haben die Eltern Wünsche, Ideen für eine Begrüssungs- und Abschiedsfeier/für ein entsprechendes Ritual?
- Welche Elemente für eine Feier/ein Ritual möchte ich den Eltern vorschlagen?
- Wo soll die Feier stattfinden? Wann? Wer soll daran teilnehmen?
- Soll/kann die Gemeindeseelsorgerin oder der Gemeindeseelsorger informiert werden?
- Wer soll die Feier leiten? (Spitalseelsorger/-in, Gemeindeseelsorger/-in, eventuell zusammen mit Hebamme oder Trauerbegleiter/-in?)
- Wann, wo, mit wem findet das zweite Gespräch (zur konkreten Vorbereitung der Begrüssungs-/Abschiedsfeier) statt? Was gibt es in der Zwischenzeit zu tun? Wer tut es?
- Wer ist für die Eltern (wenn gewünscht/nötig) in den nächsten Stunden, Tagen da?

Zur Selbstreflexion
- *Brauche ich Unterstützung? In Fachfragen, für meine eigenen Gefühle, bei der Vorbereitung und Organisation der Feier?*
- *Kann/möchte ich die Feier allein gestalten? Wer könnte auch noch mitwirken?*

Eine gekürzte Fassung der Checkliste findet sich am Ende dieses Buches.

Wichtig ist gut zuzuhören, was die Eltern erzählen, und ihnen Zeit und Raum zu geben für ihre Emotionen und für den Versuch, diese in Worte zu fassen.

Vonseiten der Seelsorgenden sind keine «Rezepte» und fertigen Antworten gefragt, sondern Empathie sowie die Bereitschaft und die Fähigkeit, auch Ohnmacht und schwierige Situationen auszuhalten.

Die Seelsorgenden dürfen für die betroffenen Eltern auch emotional spürbar sein und zu ihren eigenen Gefühlen und Grenzen stehen.

Die Rolle der Seelsorgerin/des Seelsorgers in der Trauerbegleitung sollte in Abstimmung mit den anderen Beteiligten (Spitalseelsorge, Geburtshilfe, Pfleger/-innen, Ärzt/-innen, Psycholog/-innen, Gemeindeseelsorge ...) geklärt sein. Dabei achten Seelsorgende auch darauf, dass im komplexen Prozess nichts vergessen geht.

2 Zeichen, Rituale, Gottesdienste

Weil die Trauer und die anderen Gefühle rund um frühen Kindstod so schwer in Worte zu fassen sind, bekommen Zeichen, Rituale, Gottesdienste und Feiern jeder Art besonders grosse Bedeutung. Was mit Worten kaum auszudrücken ist, kann in Symbolen und Ritualen (vielleicht) ein Stück weit erlebt und verarbeitet werden. Die folgenden Ausführungen legen deshalb grosses Gewicht auf die Vorbereitung und Durchführung von Feiern und Symbolhandlungen. Gerade deshalb sei aber auch betont, dass eine seelsorgliche Begleitung nicht einfach «unvollständig» ist, wenn sie nicht in eine gottesdienstliche Feier mündet. Manchmal wünschen Eltern keine Feier, manchmal sprechen andere Gründe dagegen. Auch eine «nur» seelsorgliche Begleitung, Gespräche mit anderen Betroffenen, mit dem Spitalpersonal usw. sind wichtig und hilfreich!

Seelsorgende können solche Gespräche fördern, indem sie z. B. anregen, auf Geburtsstationen ein Erinnerungsbuch aufzulegen, in dem betroffene Eltern/Familien oder auch das Personal ihre Erinnerungen an das verstorbene Kind, ihren Umgang mit der Situation usw. eintragen können. Für (neu) Betroffene kann es sehr hilfreich sein, vor Ort auch anderen Erfahrungen und Schicksalen zu begegnen und so zu spüren, dass sie mit ihrem Leid nicht allein sind.

Unabhängig davon, ob jetzt eine Symbolhandlung stattfinden soll, ist es wichtig, so früh wie möglich konkrete Erinnerungen an das sterbende oder bereits verstorbene Kind zu bewahren. Dies sollte bereits vom Spitalpersonal veranlasst werden: Als Seelsorger/-in sollte man zumindest nachfragen, ob dies geschehen ist; ansonsten wären die Eltern dazu zu ermutigen. Für die Bewahrung von Erinnerungen bleibt nur ganz wenig Zeit – wenn es nicht rechtzeitig geschieht, sind die Erinnerungen unwiederbringlich verloren!

Neben den materiellen Erinnerungsstücken können gerade Seelsorgende dazu beitragen, dass sich die Eltern ihrer eigenen Erinnerungen an die Zeit der Schwangerschaft, an die Geburt und an ihr Kind bewusst werden: Auch das Erleben dieser Zeiten/Situationen sind Erinnerungen, die den Eltern bei der Trauerarbeit helfen.

Alle Erinnerungen – «materielle» wie seelische, gedankliche – können eventuell auch in einer späteren Feier eine Rolle spielen.

Dabei muss der Doppelcharakter des Rituals beachtet werden: Oft müssen Begrüssung und Abschied, Geburt und Tod in einem einzigen Ritual begangen werden. Dann muss das Kind zunächst begrüsst, willkommen geheissen, beachtet und bei seinem Namen genannt werden, wie es sonst bei der Taufe geschieht. Erst anschliessend kann auch der Abschied gestaltet werden. Das bedeutet für die Eltern, aber auch für die Seelsorgerin und den Seelsorger eine enorme emotionale Zerreissprobe und stellt hohe Anforderungen an die liturgisch-rituelle Kompetenz der Seelsorgenden.

2.1 Erinnerungen an das Kind bewahren

Grundsätzlich sollten Eltern ermutigt werden, ihr Kind anzuschauen, in die Arme zu nehmen, es zu halten, zu streicheln … Wenn Eltern sich das nicht zutrauen, weil das Kind z. B. durch die Umstände von Schwangerschaft oder Geburt verletzt wurde oder ungewöhnlich aussieht, kann eine einfühlsame und sorgsame Begleitung durch Fachpersonen oft dabei helfen, die Angst zu überwinden: Sie können z. B. den Eltern ihr Kind zunächst beschreiben, es selbst auf den Arm nehmen und die Eltern so ermutigen, dies dann auch zu tun. Der nahe, körperliche Kontakt auch mit einem schon verstorbenen Kind gibt den Erinnerungen eine emotional-sinnliche Dimension, die sonst kaum erreicht wird. Andererseits sollten Eltern auch nicht gedrängt werden, ihr Kind in die Arme zu nehmen, denn Widerstände können eine wichtige seelische Funktion haben und müssen respektiert werden.

Über den körperlichen Kontakt hinaus – und die Erfahrung der Schwangerschaft und Geburt, die ja auch schon eine grosse Erinnerung bedeutet – gibt es viele weitere Möglichkeiten, bleibende, materielle Erinnerungen zu «schaffen»:
– Fotos und Videos
– Aussehen beschreiben, Notizen machen (besonders von Dingen, die man auf Fotos eventuell nicht sieht)

- Das Kind zeichnen, malen (lassen)
- Farb-, Gips- oder Tonabdrücke machen von Händen, Füssen, Fingern, Zehen ...
- Haarsträhne abschneiden
- Kind in ein schönes Tuch einwickeln, Tuch später aufbewahren
- Kopf-, Bauch- oder Armumfang, Körpergrösse mit schönem Wollfaden abmessen, aufbewahren
- Spitalunterlagen aufbewahren, z. B. Namensschildchen, Pflegeprotokoll usw.
- Erinnerungen aus der Schwangerschaft aufbewahren: Mutterpass, Ultraschallbilder (auch bei der Gynäkologin oder dem Gynäkologen nachfragen), bereits gekaufte Kinderkleider usw.

Bleibende Erinnerungen zu bewahren ist wichtig. In seltenen Fällen können allerdings materielle Erinnerungen zu einem Ersatz überhöht werden. Dann besteht die Gefahr, dass die Gegenstände eine Art magisches Eigenleben entwickeln und den Trauerprozess behindern.

2.2 Rituale: Vielfalt und Kreativität

Rituale können nicht einfach nach einem vorgegebenen Muster abgewickelt werden. Es gehört zum seelsorglichen Auftrag, sie zusammen mit den Trauernden zu gestalten, so dass sie für alle stimmig sind. Beim Begleiten der Eltern hat darum offenes Zuhören Priorität. Der Trost ist grösser und geht tiefer, wenn die Eltern die Rituale, Worte und Bilder mitentwickeln. Dabei ist jedoch zu beachten, dass manche Eltern dazu nur bedingt in der Lage sind – aus der aktuellen Situation heraus oder weil sie sich «so etwas» grundsätzlich nicht zutrauen (Scheu vor religiösen Fragen, mangelnde Sprachkompetenz usw.). So oder so wird sich mit der Zeit für jede Seelsorgerin und jeden Seelsorger ein gewisser Grundbestand an Zeichen und Symbolen entwickeln, die sie/er bevorzugt verwendet und den Eltern vorschlägt. Diese Grundelemente geben auch den Seelsorgenden in solchen Grenzsituationen Halt und Sicherheit.

Grundsätzlich muss – wahrscheinlich in einem eher kreisenden, suchenden Prozess und deshalb mehrmals – geklärt werden, welchen Charakter die Feier oder das Ritual haben soll. Konkret: Geht es um eine erste Begrüssungs-, Namensgebungs-, Abschieds- feier im engsten Familienkreis im Spital, auf die eine Beerdigung im grösseren Rahmen folgt? Oder gibt es (vorerst) nur eine einzige Begrüssungs- und Abschiedsfeier, weil das Kind nicht beerdigt wird? Gibt es eine «normale» Beerdigung?

Hilfreich ist es, sich mit den Eltern auf einen konkreten Namen für die Feier oder das Ritual zu einigen – dabei kann sich auch klären, worum es vorrangig gehen soll und welche Symbole zur gewählten Feier passen.

Die Spital- und Gemeindepfarrerin Anita Masshardt, Bern, hat in ihrer vielseitigen Praxis folgende Situationen kennengelernt:
- Das Kind ist geboren, doch es hat nur geringe Lebenschancen: Die Eltern wünschen eine Nottaufe.
- Das Kind ist noch im Mutterleib und lebt. Es ist wahrscheinlich, dass es bei der Geburt sterben wird: Die Eltern wünschen eine Art Taufe/Segnung des Kindes im Mutterleib.
- Das Kind ist tot geboren oder stirbt bei der Geburt: Die Eltern wünschen eine Abschiedsfeier im Spital, manchmal möchten sie diese Abschiedsfeier verbinden mit einer Namensgebungsfeier.
- Zwischen dem Tod des Kindes im Spital und der Abschiedsfeier verbleibt noch etwas Zeit. Die Eltern möchten ihr Kind mit nach Hause nehmen und wünschen seelsorgliche Begleitung.
- Eltern, deren Kind gestorben ist, wünschen eine Abschiedsfeier oder Beerdigung in ihrer Gemeinde, auf dem Friedhof oder als Abdankungsfeier in der Kirche.
- Frauen/Eltern, die schon vor einiger Zeit ein Kind verloren haben, damals aber keine hilfreiche Begleitung erlebt haben oder deren Kind nicht bestattet werden konnte, möchten gerne ein Ritual feiern, um ihr Kind loslassen zu können, um trauern, um weiterleben zu können.
- Institutionalisierte (jährliche) Gedenkfeiern für Eltern und wei- tere Familienangehörige, die ein Kind verloren haben.

Ein Ritual ist eine bewusst vorbereitete und vollzogene Symbolhandlung, die Gefühle und Gedanken ausdrückt. Es ist ein schöpferischer Weg, um mit Gefühlen umzugehen und Sinn zu finden.

- Das Ritual ist deshalb individuell. Es passt sich den Bedürfnissen, Kräften und Überzeugungen der Trauernden an.
- Das Ritual ist einmalig. Begrüssung des Kindes und Abschied vom Kind (und möglicherweise eine kurze Zeit dazwischen) bilden die einzigen Gelegenheiten, dem Kind konkret zu begegnen, es zu begreifen, zu sehen, zu spüren, Gemeinschaft mit ihm in der Familie zu erleben.
- Es dürfen alle Ebenen angesprochen werden: Gefühle, Sinnliches (Schmecken, Riechen, Augen, Musik), Körperliches, Spirituelles, Narratives, auch die intellektuelle Auseinandersetzung.
- Rituale sind gemeinschaftlich: Sie beziehen andere Menschen mit ein, sie machen den Schmerz öffentlich. Der Verlust wird anerkannt von Zeugen. Geschwister, Grosseltern, Paten, Freundinnen und Freunde, kurz: das vertraute soziale Umfeld der Eltern soll da sein und bestätigen: «Ja, ich habe das Kind gesehen.» Je mehr Menschen miteinbezogen werden, desto mehr Gesprächs- und Erinnerungspartner und -partnerinnen sind später für die Eltern da.
- Das Ritual darf öffentlich sein: Sofern die Feiern von kirchlich beauftragten Seelsorgenden durchgeführt werden, haben sie auch eine kollektive Dimension: Die Eltern stehen mit ihrem Verlust nicht allein. Sie sind eingebunden in eine grosse Gemeinschaft, in der Menschen nach Schicksalsschlägen und schweren Erfahrungen versuchen, neue Kraft und Hoffnung zu schöpfen und die Gottesfrage auch im Leid offenzuhalten.

2.3 Feiern vorbereiten und durchführen: Ideensammlung

Die folgende Sammlung will erste Ideen geben und zur persönlichen, kreativen Gestaltung anregen. Ausgearbeitete Modelle für Feiern und Rituale finden sich in manchen Büchern und sind auch übers Internet abrufbar (siehe Anhang 1).

47

Selbstgestaltete Rituale können sehr heilsam und persönlich sein. Es ist aber auch hilfreich, sich immer wieder in der Feier innerlich «zurücklehnen» zu können, nicht immer alles selbst und aktiv «machen» zu müssen, auf vertraute Texte hören zu dürfen. Deshalb: auch Raum für Stille, Musik, Schweigen, Lesungen einplanen – und nicht zuletzt: Auch in einer gut vorbereiteten Feier sollte es Platz geben für Spontanes, Ungeplantes, für das Wirken des heiligen Geistes.

Begrüssung des (lebenden oder bereits verstorbenen) Kindes
- Die Teilnehmenden können das Kind in die Arme nehmen, es betrachten, streicheln
- Dem Kind offiziell seinen Namen zusprechen, es bei seinem Namen nennen
- Das Kind gegebenenfalls in ein inoffizielles «Familienbuch» oder in eine Familienbibel eintragen
- Den Namen des Kindes auf ein schönes Blatt schreiben, malen, gestalten
- Das Kind innerlich, symbolisch, «ins Licht stellen»
- Eine Kerze zur Erinnerung an das Kind gestalten, bemalen
- Erste Seite(n) in einem Erinnerungsbuch an das Kind gestalten (kann später weitergeführt werden)
- Das Kind taufen oder segnen, eventuell mit Salböl oder (Weih-) Wasser
- Das Kind mit Nardenöl salben: Im AT dient es zu Salbung von Königen, im NT salbt eine Frau Jesus kurz vor seinem Tod damit zum Messias-König (Mk 14,1–8). An diese rituelle Handlung soll erinnert werden, es duftet dann nach Evangelium.

Die Gefühle und den Trauerprozess der Eltern oder Familie symbolisch ausdrücken
- Scherben, zerbrochenes Gefäss – zerbrochene Hoffnungen
- «Tränenritual» in Verbindung mit Ps 56,9: Wünsche, Hoffnungen, Trauer … werden auf Tränen geschrieben (aus Papier ausgeschnitten) und in eine Schale gelegt
- Farbsymbolik (hell – dunkel, weiss – schwarz, Licht – Finsternis) mit den vielen Gefühlen der Eltern in Verbindung bringen

- Symbolik leer – voll: mit leerem und gefülltem Krug (Wasser, Sand, Erde …) ausdrücken: ich fühle mich leer von Hoffnung und Freude, aber voller Schmerz und Trauer …
- «Zarte», leichte Symbolgegenstände für das Leben des Kindes und die vielen Hoffnungen: kleine Blumen, Blütenblätter, Federn …
- Hoffnung auf Wachstum, Entwicklung symbolisch ausdrücken: Knospen, aufgehende Blüten, treibende Zweige: Das haben wir uns gewünscht, ersehnt – und jetzt?
- Lebenslicht und verlöschendes Lebenslicht erfahren: eine (kleine) Kerze anzünden, beim Brennen zuschauen, dabeibleiben, bis das Licht verlöscht
- Verschiedene Symbolgegenstände oder Symbolbilder auslegen, Teilnehmende aussuchen lassen, was ihnen entspricht
- Stationen des Trauerweges im Raum benennen und mit geeigneten Symbolen gestalten: Ort der Begrüssung des Kindes, Ort des Willkommens, Ort des Schmerzes, Ort des Abschieds, Ort der Versöhnung … Teilnehmende zu Stille oder Musik an den Orten verweilen lassen, nach individuellem Bedürfnis
- Erste Seite(n) in einem Trauer-Tagebuch gestalten, schreiben, später fortsetzen
- Längerfristige Rituale: Ein Brief an das Kind, Wochenbriefe an das Kind, Gebete, Gestalten einer Ecke mit Kerze, Bildern und Gegenständen, Erinnerungsessen mit Paten, Grosseltern …

Verabschiedung des toten Kindes
- Noch einmal, wie bei der Begrüssung: Das Kind kann zum Abschied berührt oder in die Arme genommen werden
- Das Kind schön anziehen, in ein schönes Tuch einwickeln. Dem Kind etwas mitgeben: ein Armbändchen mit seinem Namen, einen guten Wunsch, auf einen Zettel geschrieben, eine kleine Blume …
- «Moseskörbchen» für das Kind gestalten (als Ersatz für Sarg oder als Sargeinlage)
- Das Kind in den Sarg legen
- Dem Kind etwas in den Sarg mitgeben: ein Stofftier, ein Bild, ein kleines Geschenk (gegebenenfalls Geschwister beteiligen)
- Sarg gestalten, bemalen

- Gemeinsam den Sarg schliessen
- Das Kind bzw. den Sarg mit dem Kind an einen anderen Ort bringen, oder in einen eigenen Aufbahrungsraum, in die Pathologie zur Aufbahrung, nach draussen zum Auto, zum Beerdigungsinstitut, zum Friedhof ...

Symbolhandlungen und Rituale draussen in der Natur
- mit Luft/Wind: Baumwollfäden, Klangspiele o. ä. in einen Baum hängen; Wind = Symbol für göttlichen Geist, Gegenwart Gottes
- an einem Fluss/Bach: der fliessende Strom reisst das Leben, die Hoffnung fort, aber er kann mit der Zeit auch die Trauer und den Schmerz mit sich nehmen und bringt ständig neues Leben heran
- mit Erde: Hoffnungen begraben, aber vielleicht auch ein Samenkorn pflanzen, auf das Wachstum des Neuen hoffen
- mit Feuer: zerstörerische Kraft – aber auch Verwandlung, Energie

Die Eltern oder Familie für ihren Weg stärken
- Licht im Dunkel ansprechen (z.B.: «Jetzt sehe ich nur Dunkles, aber ich hoffe darauf, dass sich darin auch wieder Licht zeigen wird.»)
- Die Eltern innerlich, symbolisch «ins Licht stellen»
- Eine «Hoffnungskerze» für die Eltern oder Familie gestalten, entzünden
- Stärkungsritual, z.B.: Kreis bilden, Hand auf die Schulter oder in den Rücken der Eltern oder Familienmitglieder legen
- Segensworte sprechen, eventuell dabei Hand auflegen

2.4 Sprachbilder und Metaphern für verstorbene Kinder

Eine einfühlsame, sorgfältige, auch lyrisch-poetische Sprache kann dabei helfen, sich dem Unbegreiflichen anzunähern und der Trauer Ausdruck zu verleihen. Eine bilderreiche Sprache birgt aber auch ein gewisses Risiko: Wenn ausschliesslich metaphorisch und allzu «luftig» vom verstorbenen Kind gesprochen wird, hindert das die Eltern eventuell daran, ihr Kind als konkretes, reales Kind wahrzunehmen und sich von ihm zu verabschieden. Neben poetisch-lyrischen Ausdrucksformen sollte deshalb auch immer ganz konkret vom «Kind», «eurer Tochter», «eurem Sohn» gesprochen werden. Ausserdem sind (Sprach-)Bilder auch Geschmackssache. Sie können emotional sehr unterschiedlich aufgenommen werden, von tröstend-hilfreich bis kitschig-abstossend.

Die folgenden Beispiele mögen dazu anregen, eine eigene, persönliche Sprache zu entwickeln:

- wie eine Sternschnuppe, die aus dem Geheimnisvollen, Unbekannten kommt und wieder ins Geheimnisvolle, Unbekannte verschwindet
- wie ein Schmetterling, der sich nur kurz auf einer Blüte niederlässt und dann weiterfliegt
- wie ein Engel, der uns nur sanft mit seinen Flügeln streift und dann wieder zum Himmel zurückkehrt
- Bild vom Anklopfen: Euer Kind hat nur kurz bei euch angeklopft, hereingeschaut, hat kurz die Erde geküsst und ist weitergegangen
- Bild vom Samenkorn: Das Kind bleibt dasselbe und wird doch ganz neu (vgl. 1 Kor 15, vgl. auch die Geschichte «Pele und das neue Leben» von Regine Schindler)

Darüber hinaus bieten manche Veröffentlichungen auch lyrische Texte zum Thema, ebenso das «Lied des Lebens. Requiem vom Werden und Sterben, Schwangerschaft und Tod» (siehe Literaturverzeichnis im Anhang 1). Auch in der klassischen Lyrik ist zwar nicht unbedingt Fehlgeburt, aber doch Kindstod gelegentlich ein Thema (z. B. Friedrich Rückert, Kindertotenlieder, vertont von Gustav Mahler).

In diesem Zusammenhang sei jedoch auch eine kritische Bemerkung gemacht: Uns ist aufgefallen, dass manche Eltern im Internet ganze Homepages in Erinnerung an ihr verstorbenes Kind gestalten. So berührend solche Seiten und die dort veröffentlichten Texte und Gedichte auch sind und so wichtig sie für die Trauerverarbeitung zunächst auch sein mögen, es wird (uns) doch manchmal auch unbehaglich, wenn verstorbene Kinder geradezu ein Eigenleben im «Internet-Himmel» führen. Die Pflege dieses «Weiter-lebens» kann Trauer und Abschied verzögern und den Kontakt zur Welt, zum Beispiel zu den anderen, den lebenden Kindern, hemmen.

2.5 Bibelstellen für Seelsorge und Gottesdienste

Die Bibelstellen sind aus der neuen Zürcher Bibel (ZB), der «Bibel in gerechter Sprache» (BigS) und der 2016 revidierten Einheits-übersetzung (EÜ) wiedergegeben. Die Gottesnamen wurden z.T. geändert (z.B. «Ewiger» anstelle von «Herr»).

• **Die Trauer in Worte fassen**
   Darum will auch ich meinen Mund nicht zügeln, will reden in der Not meines Herzens, will klagen im bitteren Leid meiner Seele. (Ijob 7,11, ZB)

   Meine Seele ist tief erschrocken. Du aber, Ewiger – wie lange noch? Ich bin erschöpft vom Seufzen, jede Nacht benetze ich weinend mein Bett, ich überschwemme mein Lager mit Tränen. Mein Auge ist getrübt vor Kummer. (Ps 6,4.7 f., EÜ)

   Wie Wasser bin ich hingeschüttet, und es fallen auseinander alle meine Gebeine. Wie Wachs ist mein Herz, zerflossen in meiner Brust. Trocken wie eine Scherbe ist meine Kehle, und meine Zunge klebt mir am Gaumen, in den Staub des Todes legst du mich. (Ps 22,15 f., ZB)

   Kraftlos bin ich und zerschlagen, in der Qual meines Herzens schreie ich auf. Ewiger, vor dir liegt all mein Sehnen, und mein Seufzen ist dir nicht verborgen. Heftig pocht mein Herz, meine Kraft hat mich verlassen, und das Licht meiner Augen ist mir erloschen. (Ps 38,9–11, ZB)

   Mein Elend hast du aufgezeichnet, meine Tränen sind verwahrt bei dir. (Ps 56,9 ZB)

   Ewiger, du Gott meiner Rettung, bei Tage schreie ich, des Nachts stehe ich vor dir. Mein Gebet gelange zu dir, neige dein Ohr meinem Flehn. Denn ich bin mit Leiden gesättigt, und mein Leben ist dem

Totenreich nahe. Mein Auge wird trüb vor Elend. Ich rufe zu dir, Ewiger, allezeit, strecke meine Hände aus nach dir. (Ps 88,2–4.10, nach ZB)

Gott, höre mein Gebet, mein Schreien dringe zu dir. Verbirg dein Angesicht nicht vor mir am Tag meiner Not. Neige deine Ohren zu mir; wenn ich rufe, erhöre mich bald. (Ps 102,2 f., ZB)

Meine Seele klebt am Staub, schenke mir Leben nach deinem Wort. Meine Seele zerfliesst vor Kummer, richte mich auf nach deinem Wort. (Ps 119,25.28, ZB)

Ich bin tief gebeugt, Ewiger. Belebe mich, wie du versprochen hast! (Ps 119,107, BigS)

Aus der Tiefe rufe ich, Ewiger, zu dir: Gott, höre meine Stimme, lass deine Ohren vernehmen den Ruf meines Flehens. (Ps 130,1 f., ZB)

«Eine Stimme ist in Rama gehört worden, Weinen und grosses Klagen. Rahel weinte um ihre Kinder und wollte sich nicht trösten lassen, weil sie nicht mehr lebten.» (Zitat aus Jer 31,15 in Mt 2,18, BigS)

- **Zuspruch und Trost erfahren**
  Nahe ist Gott den zerbrochenen Herzen, und dem zerschlagenen Geist bringt er Hilfe. (Ps 34,19, ZB)

Die Seelen der Gerechten sind in der Hand Gottes, und sie werden keiner Qual ausgesetzt sein. In den Augen der Uneinsichtigen schienen sie tot zu sein, und ihr Dahinscheiden galt jenen als Übel und ihr Weggang von uns als Vernichtung – sie aber sind in Frieden aufgehoben. (Weish 3,1–3, ZB)

Fürchte dich nicht, denn ich habe erlöst, ich habe dich bei deinem Namen gerufen, du gehörst zu mir! (Jes 43,1b, ZB)

Amen, ich sage dir: Heute noch wirst du mit mir im Paradies sein. (Lk 23,43b, ZB/EÜ)

Ich verlasse mich darauf: Weder Tod noch Leben, weder himmlische noch staatliche Mächte, weder die gegenwärtige Zeit noch das, was auf uns zukommt, weder Gewalten der Höhe noch Gewalten der Tiefe, noch irgendein anderes Geschöpf können uns von der Liebe

Gottes trennen, die im Messias Jesus lebendig ist, dem wir gehören. (Röm 8,38–39, BigS)

Die Liebe hört niemals auf. (1 Kor 13,8, EÜ)

Gott liess mich wissen: «Lass dir meine Zuneigung genug sein. Gerade in den Schwachen lebt meine volle Kraft.» (2 Kor 12,9, BigS)

Gott wird alle Tränen von ihren Augen abwischen: Der Tod wird nicht mehr sein, keine Trauer, keine Klage, keine Mühsal. Denn was früher war, ist vergangen. (Offb 21,4, EÜ)

Perikope von der Stillung des Seesturms, bei Lk 8,22–25

- **Hoffnung schenken, neue Perspektiven eröffnen**
  Wenn ihr dem Ewigen, eurem Gott, dient, wird er dein Brot und dein Wasser segnen. Ich werde Krankheiten von dir fernhalten. In deinem Land wird es keine Frau geben, die eine Fehlgeburt hat oder kinderlos bleibt. (Ex 23,25f., EÜ)

Behüte mich wie den Augapfel, den Stern des Auges, birg mich im Schatten deiner Flügel. (Ps 17,8, EÜ/ZB)

Was bist du so gebeugt, meine Seele, und so unruhig in mir? Harre auf Gott, denn ich werde ihn wieder preisen, ihn, meine Hilfe und meinen Gott. (Ps 42,12, ZB)

Bei Gott allein werde ruhig meine Seele, denn von ihm kommt meine Hoffnung. Er allein ist mein Fels und meine Rettung, meine Burg, ich werde nicht wanken. Bei Gott ist meine Rettung und meine Ehre, mein starker Fels, in Gott ist meine Zuflucht. Vertraut ihm, Volk [Gottes], zu jeder Zeit! Schüttet euer Herz vor ihm aus! Denn Gott ist unsere Zuflucht. (Ps 62,6–9, EÜ)

Du liessest mich viel Angst und Not erfahren, du wirst mich neu beleben, du führst mich wieder herauf aus den Tiefen der Erde. (Ps 71,20, EÜ)

Unsere Tage zu zählen, lehre uns! Dann gewinnen wir ein weises Herz. Erfreue uns so viele Tage, wie du uns gebeugt hast, so viele Jahre, wie wir Unheil sahn. (Ps 90,12.15, EÜ)

Unter Gottes Flügeln findest du Zuflucht. (Ps 91,4b, ZB)

Das ist mein Trost in meinem Elend, dass dein Wort mich am Leben erhält. (Ps 119,50, ZB)

Wende doch, Ewiger, unser Geschick wie die Bäche im Südland! Die mit Tränen säen, werden mit Jubel ernten. Sie gehen, ja gehen und weinen und tragen zur Aussaat den Samen. Sie kommen, ja kommen mit Jubel und bringen ihre Garben. (Ps 126,4–6, EÜ)

Du selbst hast mein Innerstes geschaffen, hast mich gewoben im Schoss meiner Mutter. Ich danke dir, dass ich so staunenswert und wunderbar gestaltet bin. Ich weiss es genau: Wunderbar sind deine Werke. Dir waren meine Glieder nicht verborgen, als ich gemacht wurde im Verborgenen, gewirkt in den Tiefen der Erde. Als ich noch gestaltlos war, sahen mich bereits deine Augen. In deinem Buch sind sie alle verzeichnet: die Tage, die schon geformt waren, als noch keiner von ihnen da war. Wie kostbar sind mir deine Gedanken, Gott! Wie gewaltig ist ihre Summe! (Ps 139,13–17, EÜ)

Die auf Gott hoffen, empfangen neue Kraft, wie Adlern wachsen ihnen Schwingen. (Jes 40,31, ZB)

[Ihr seid] mir aufgeladen vom Mutterleib, getragen vom Mutterschoss an! Bis ins Alter bin ich derselbe, bis zum grauen Haar werde ich schleppen. Ich habe es getan, und ich werde tragen, ich werde schleppen und retten. (Jes 46,3b–4, EÜ)

Über Jerusalem werde ich jubeln, und frohlocken werde ich über mein Volk. Und Weinen und Schreien wird in ihr nicht mehr zu hören sein. Dort wird es keinen Säugling mehr geben, der nur wenige Tage lebt, und keinen Greis, der sein Leben nicht vollendet. (Jes 65,19f., ZB)

Ich will euch Zukunft und Hoffnung geben. (Jer 29,11, BigS)

Gott ist gütig, eine Zuflucht am Tag der Not, und er kennt jene, die Zuflucht suchen bei ihm. (Nah 1,7, ZB)

All eure Sorgen werft auf Gott, denn er kümmert sich um euch. (1 Petr 5,7, ZB)

Elischa reinigt das Wasser von Jericho, damit es dort keine Fehlgeburten mehr gibt, bei 2 Kön 2,19–21

Seligpreisungen, bei Mt 5,3–12 und Lk 6,20–26

- **Mit Gott ringen** (Gottesfrage)
  Jakob am Jabbok, bei Ex 32,22–32

Wenn ich deinen Himmel sehe, das Werk deiner Finger, den Mond
und die Sterne, die du hingesetzt hast: Was ist der Mensch, dass du
seiner gedenkst, und des Menschen Kind, dass du dich seiner
annimmst? Du hast wenig geringer gemacht als Gott, mit Ehre und
Hoheit hast du ihn gekrönt. (Ps 8,4–6, ZB)

Wie lange noch, Ewiger, vergisst du mich ganz? Wie lange noch
verbirgst du dein Angesicht vor mir? Wie lange noch muss ich Sorgen tragen in meiner Seele, Kummer in meinem Herzen Tag für Tag?
Blick doch her, gib mir Antwort, Ewiger, mein Gott, erleuchte meine
Augen, damit ich nicht im Tod entschlafe. (Ps 13,2–4, EÜ)

Mein Gott, mein Gott, warum hast du mich verlassen, bist fern meiner Rettung, den Worten meiner Klage? Mein Gott, ich rufe bei Tag,
doch du antwortest nicht, bei Nacht, doch ich finde keine Ruhe.
(Ps 22,2 f., ZB)

Zu dir, Ewiger, rufe ich, mein Fels! Wende dich nicht stumm von
mir! Schweigst du, bin ich gleich denen, die ins Grab hinaubsteigen.
Höre die Stimme meines Flehens, ich schreie nach dir. (Ps 28,1–2a,
BigS)

Gott, deine Liebe reicht, so weit der Himmel ist, deine Treue bis zu
den Wolken. (Ps 36,6, EÜ)

Warum verbirgst du dein Angesicht, vergissest unsere Not und
Bedrängnis? Denn unsere Seele ist in den Staub gebeugt, unser Leib
klebt an der Erde. Steh auf, uns zur Hilfe, und erlöse uns um deiner
Gnade willen. (Ps 44,25–27, ZB)

Auf dich habe ich mich verlassen vom Mutterleib an; vom Schoss
meiner Mutter hast du mich getrennt. (Ps 71,6, ZB)

Neige, Gott, dein Ohr, erhöre mich, denn ich bin elend und arm.
Bewahre mein Leben, denn ich bin getreu, hilf du, mein Gott, deinem Diener, der auf dich vertraut! Sei mir gnädig, Ewiger, denn zu
dir rufe ich allezeit. Erfreue das Herz deines Dieners, denn zu dir,
Gott, erhebe ich meine Seele. (Ps 86,1–4, ZB)

Du lässt den Menschen zum Staub zurückkehren und sprichst:
«Kehrt zurück, ihr Menschen.» Denn in deinen Augen sind tausend

Jahre sind wie der gestrige Tag, wenn er vorüber ist, und wie eine Wache in der Nacht. Du raffst sie dahin, ein Schlaf am Morgen sind sie und wie das Gras, das vergeht. Am Morgen blüht es, doch es vergeht, am Abend welkt es und verdorrt. (Ps 90,3–6, ZB)

Kann denn eine Frau ihr Kindlein vergessen, ohne Erbarmen sein gegenüber ihrem leiblichen Sohn? Und selbst wenn sie ihn vergisst: Ich vergesse dich nicht. (Jes 49,15, EÜ)

Meine Gedanken sind nicht eure Gedanken, und eure Wege sind nicht meine Wege, spricht Gott, denn so hoch der Himmel über der Erde ist, so viel höher sind meine Wege als eure Wege und meine Gedanken als eure Gedanken. (Jes 55,8–9, ZB)

Siehe, ich habe vor dir eine Tür aufgetan, die keiner wieder schliessen kann. Du hast zwar nur wenig Kraft aber du hast mein Worte bewahrt und meinen Namen nicht verleugnet. (Offb 3,8, ZB)

2.6 Kirchenlieder

Bei Feiern im kleinen Kreis ist das Singen vor allem wenig bekannter Lieder schwierig. Auch bei grösseren Gedenkfeiern ist die Mitwirkung eines Chores hilfreich. Es muss auch damit gerechnet werden, dass die Teilnehmenden emotional zu stark berührt sind, um singen zu können. Die Liedtexte können dann auch miteinander gelesen werden. Die Abkürzungen und Liednummern beziehen sich auf die Stammausgabe des «Evangelischen Gesangbuchs» der Evangelischen Kirche in Deutschland (EG, 1993), das «Gesangbuch der Evangelisch-reformierten Kirchen der deutschsprachigen Schweiz» (RG, 1998), das «Gotteslob. Katholisches Gebet- und Gesangbuch» (GL, 2013) und das «Katholische Gesang- und Gebetbuch der deutschsprachigen Schweiz» (KG, 1998):

Ach wie flüchtig, ach wie nichtig (KG 729 / RG 751 / EG 528)

Dans nos obscurités (KG 188 / RG 705)

Du kannst nicht tiefer fallen (KG 559 / RG 698 / EG 533)

Ein kleines Kind, du grosser Gott (KG 9)

Gib uns Weisheit, gib uns Mut (KG 229 / RG 835)

Gott hat das erste Wort (KG 1 / RG 260 / EG 199)

Gott, mein Gott, warum hast du mich verlassen (KG 187 / RG 13 / EG 381)

Herr, bleibe bei uns (KG 683 / RG 604 / GL 89 / EG 483)

Herr der Stunden, Herr der Tage (RG 553)

Ich möcht', dass einer mit mir geht (KG 208 / EG 209)

Ich schaue auf zu den Bergen (RG 78)

Ich steh vor dir mit leeren Händen, Herr (KG 544 / RG 213 / GL 422 / EG 382)

Ich will dir danken, weil du meinen Namen kennst (KG 530 / RG 183 / GL 433,1)

Manchmal kennen wir Gottes Willen (KG 184 / RG 832)

Nade te turbe (RG 706)

Nun schreib ins Buch des Lebens (KG 7 / RG 178 / EG 207)

Sei unser Gott, der alle Welt (KG 182)

Seligpreisungen (KG 214 / RG 585 / [GL 29,2] / EG 307)

Ubi caritas et amor (KG 418 / RG 813 / GL 445)

Weder Tod noch Leben trennen uns (KG 730 / RG 761)

Weisst du, wieviel Sternlein stehen (RG 531 / EG 511)

Wer leben will wie Gott auf dieser Erde (KG 202 / GL 460)

Wir sind nur Gast auf Erden (KG 727 / GL 505)

2.7 Lieder aus der Pop- und Rockmusik

Die meisten der folgenden Liedtexte sind im Internet unter http://www.songtexte.com zu finden.

Bridge over Troubled Water (Paul Simon / Art Garfunkel)

Gone too soon (Michael Jackson)

I know you by heart (Eva Cassidy)

Träne («I ha ne Träne i mine Ouge») (Florian Ast / Francine Jordi)

Nur zu Besuch (Die toten Hosen)

Since I Lost You (Phil Collins)

Schutzängel (Plüsch, auf der CD Sidefiin)

Tears in Heaven (Eric Clapton)

Over the rainbow (Eva Cassidy)

Damit die Symbole, Rituale, Feiern für alle stimmig werden, ist es wichtig, sie mit den Eltern zusammen zu erarbeiten.

Die verschiedenen, oft widersprüchlichen Gefühle finden so ihren Platz: Begrüssung und Abschied, Hoffnung und Schmerz, Sehnsucht und Trauer.

Nicht zu vergessen ist, dass die Eltern auch Familienangehörige, Freunde und Freundinnen zur Feier einladen.

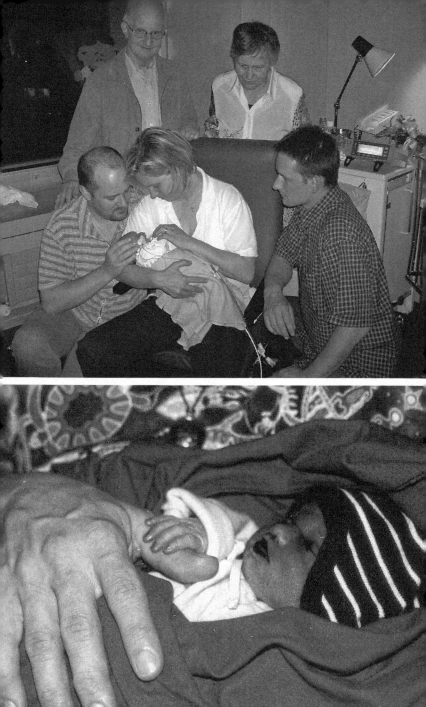

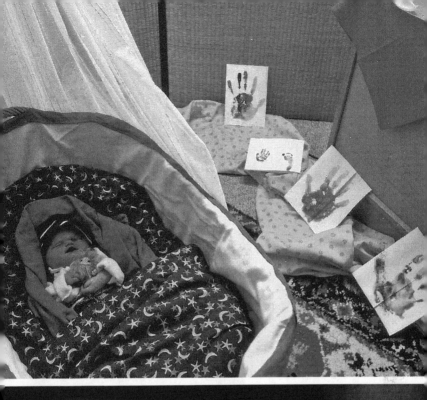

Marc

Am 25. Mai 2005 bisch du uf d'Wäut
cho. Mir si ab der Prognose erchlüpft und
es het üs Angscht und Weh ta. Mir hei Di Zyt
mit Dir gnossä, hei üsi Wünsch chönä erläbä.
Hüt am Abä 16. Juni 2005 bisch der gangä.
Mir dänkä a Di und vermissä Di sehr.

Papi Mami

Ich freue mich, dass Du
im Frieden heim gehen durftest!
Grossvater Ruth
Grossvater Fritz

I ha di gärn

3 Längerfristige Begleitung

Die Trauer um ein früh verstorbenes Kind braucht Zeit. Da die Gefühle so diffus und oft tief in der Seele verborgen sind, kann es Monate oder Jahre dauern, bis der Trauerprozess wirklich durchlebt ist. Er ist auch deshalb im Vergleich mit dem Tod älterer Menschen sehr viel schwieriger, weil nur wenige Menschen die Erinnerung an das verstorbene Kind teilen.

Oft hat der frühe Tod eines Kindes erhebliche Auswirkungen auf die seelische Gesundheit und das Zusammenleben der betroffenen Familie. Wird die Trauer nicht durchlebt, drohen psychische Störungen aller Beteiligten, vielleicht auch mit Folgen für später geborene Kinder. In der familientherapeutischen Arbeit wie z. B. beim «Familienstellen» nehmen früh verstorbene Kinder wie auch andere Verstorbene deshalb ihren eigenen – für die Familiendynamik oftmals besonders wichtigen – Platz ein.

Ziel des Trauerprozesses ist es demnach, einem früh verstorbenen Kind seinen eigenen, unverwechselbaren Platz in der Familie zuzugestehen und es so dauerhaft in die Familie zu integrieren. Der Kindstod darf dabei natürlich nicht verdrängt werden. Andererseits ist es auch wichtig, dass Eltern und Geschwister mit der Zeit zu einem «normalen» Umgang mit dem früh verstorbenen Kind finden. Das früh verstorbene Kind sollte seinen – aussergewöhnlichen – Platz in der Familie einnehmen können, aber auch keine Sonderrolle zugesprochen bekommen. Ein früh verstorbenes Kind ist ein ganz normales Familienmitglied – wie andere verstorbene Familienmitglieder auch.

Früher Kindstod stellt nicht nur das Familiensystem, sondern auch die Partnerschaft vor besondere Herausforderungen. Bei vielen betroffenen Paaren kommt es deshalb – u. a. aufgrund der oft unterschiedlichen Trauerverarbeitung von Frauen und Männern – relativ kurze Zeit nach dem Kindstod zu einer Trennung. Ein sorgfältiger Umgang mit Fehlgeburt und Kindstod trägt also auch zur Stabilisierung von Partnerschaften und Familien bei.

Eine weitere Schwierigkeit ist, dass Eltern, die bereits eine Fehlgeburt oder einen perinatalen Kindstod durchlebt haben, bei einer möglichen späteren Schwangerschaft oft massive Ängste um das werdende Kind empfinden. Hier liegt ein eigenes, weites Feld für seelsorgliche (und eventuell auch liturgisch-rituelle) Begleitung.

Die seelsorgliche Begleitung sollte deshalb auch nach der Akutsituation gewährleistet sein. Da die Erstbegleitung häufig von spezialisierten Spitalseelsorger/-innen geleistet wird, viele Eltern aber höchstens einen flüchtigen Kontakt zur Gemeindeseelsorgerin/ zum Gemeindeseelsorger haben oder diese nicht über die Situation informiert sind, kommt dem Übergang von der akuten zur längerfristigen Begleitung besondere Bedeutung zu.

Hilfreich ist es, wenn die/der beteiligte Spitalseelsorger/-in – mit dem Einverständnis der betroffenen Eltern – den/die Gemeindeseelsorger/-in über die Fehlgeburt und die erfolgte Begleitung informiert. In Einzelfällen kann es sinnvoll sein, dass dieselbe Person, die die Erstbetreuung wahrgenommen hat, auch die längerfristige Begleitung übernimmt, in der Regel ist dies aber wohl nicht nötig (und den Spitalseelsorger/-innen auch fast nicht möglich). Ist eine Fortführung der Begleitung durch die Gemeindeseelsorgerin/den Gemeindeseelsorger vorgesehen, kann diese(r) eventuell bereits in die Gestaltung der Begrüssungs-/Abschiedsfeier für das verstorbene Kind einbezogen werden.

Es ist daher wichtig, in einem der Seelsorgegespräche während der akuten Begleitung (nicht im Erstgespräch selbst) folgende Fragen zu klären:

- Wünschen die Eltern/Familienangehörigen weitere seelsorgliche Begleitung?
- Sind die Eltern damit einverstanden, dass die/der Gemeindeseelsorger/-in informiert wird?
- Wer nimmt wann wieder Kontakt mit der Familie auf?
- Wollen die Eltern zur jährlichen Totengedenkfeier in der Gemeinde oder zu besonderen Gedenkgottesdiensten in der Region eingeladen werden?

Zur Selbstreflexion

- *Kann ich (als Spitalseelsorger/-in, als Gemeindeseelsorger/-in)
  diese Begleitung ehrlich und realistisch anbieten (zeitlich, emotional und auch von meiner Ausbildung und meinen Kompetenzen her)?*
- *Wer könnte es gegebenenfalls sonst tun?*

Die längerfristige Begleitung betroffener Eltern und Familien ist
besonders wichtig. Denn Eltern, Geschwister, Grosseltern …
haben oft nur wenige Menschen, mit denen sie die Erinnerung an
ihr verstorbenes Kind, Geschwister, Enkelkind teilen können.
Zur Klärung, wer dafür über die Seelsorgenden vor Ort hinaus
infrage kommen kann, sind Fachstellen, Betroffenenorganisation
usw. (Anhang 1 und 2) geeignete Auskunftstellen.

IV Früher Kindstod in der (Gemeinde-) Öffentlichkeit ... und wir

1 Öffentlichkeitsarbeit rund um die Gemeinde

Früher Kindstod betrifft so viele Eltern und Familien, dass die Erinnerung an früh verstorbene Kinder nicht nur in individuellen Feiern zum Ausdruck kommen, sondern zum selbstverständlichen Bestandteil der ganzen Pastoral und Gemeindearbeit werden sollte. So kann auch der – immer noch partiell vorhandenen – Tabuisierung des Themas entgegengewirkt werden. Dies ist bei zahlreichen Gelegenheiten und in ganz verschiedenen Formen möglich:

- bei den jährlichen Totengedenkfeiern: eine Kerze für alle früh verstorbenen Kinder anzünden, Teilnehmende zum Anzünden von Kerzen für ihnen bekannte früh verstorbene Kinder einladen
- bei besonderen Gedenkfeiern für früh verstorbene Kinder (örtlich/regional, in Zusammenarbeit mit Spital- und Gemeindeseelsorger/-innen sowie Selbsthilfegruppen)
- in Fürbitten und Gebeten bei «normalen» Gemeindegottesdiensten, z. B.: «Wir erinnern uns an alle Kinder, die zu klein oder zu schwach zum Leben waren. Begleite du, Gott, ihre Eltern und Geschwister ...»
- bei der Taufe: im Vorgespräch fragen, ob in der Familie oder im Umfeld (andere Teilnehmer/-innen am Taufgottesdienst!) Kinder früh verstorben sind und dies gegebenenfalls im Gottesdienst auch ansprechen, Fürbitten formulieren usw.
- in Predigt, Katechese usw.: von der Schwangerschaft nicht nur als einer Zeit der Hoffnung und des Glücks sprechen, sondern auch die Sorge um das Kind, die Möglichkeit eines frühen Kindstodes anklingen lassen – eine Schwangerschaft verläuft eben nicht selbstverständlich immer gut!
- im Spital (Geburtsstation, Neonatologie, Spitalkapelle) ein Erinnerungsbuch auflegen – das ist nicht nur für die betroffenen Eltern, sondern auch für das Personal ein guter Ort der Verar-

beitung und vermittelt auch das Gefühl, mit den schweren Erfahrungen nicht allein zu sein.

Grundsätzlich sollten Seelsorgende davon ausgehen, dass in jedem Gottesdienst, bei jeder Tauffeier, an jedem Elternabend usw. auch Mütter, Väter, Geschwister, Grosseltern, Paten ... früh verstorbener Kinder anwesend sind – und zwar viel zahlreicher, als man vermutet. Das Zur-Sprache-Bringen und ein einfühlsamer Umgang mit der Thematik sind auch «Nachsorge» für betroffene Familien.

Für Gemeindeseelsorger/-innen, die regelmässig in der Seelsorge in einem Spital mit Geburtsabteilung tätig sind, empfiehlt sich darüber hinaus auch eine längerfristige, koordinierte Aufbauarbeit zur Erstellung eines Spitalkonzeptes für die Begleitung und Seelsorge bei perinatalem Kindstod.

Fehlgeburt und perinatalen Kindstod sollten Seelsorgende feinfühlig, aber gezielt thematisieren (in Fürbitten, Gottesdiensten, Seelsorgegesprächen, Unterricht, Taufe ...).
Dabei sollten sie immer damit rechnen, bei der Gemeindearbeit betroffenen Eltern, Kindern und Familien zu begegnen, ohne es zu wissen.

---

2   ... damit Seelsorgende nicht zu hilflosen Helfenden werden

Wenn ich als Seelsorgerin, als Seelsorger von der Nachricht einer Fehlgeburt, eines frühen Kindstodes höre, werde ich aus meinem Alltag mit seinen «normalen» Pflichten herausgeholt. Mehr noch als bei «normalen» Todesfällen, für die es eingespielte Umgangsformen, Gepflogenheiten und Beileidsbekundungen gibt, ist im Kontakt mit den betroffenen Eltern viel Empathie gefragt. Zugleich sind die anderen Alltagsarbeiten zu erledigen. Hier ist eine gute Balance wichtig: Zeiten, in denen ich mich innerlich und auch fachlich auf das Thema und die betroffene Familie einlasse, aber auch Zeiten, in denen der übrige Alltag seinen Platz behält – und in besonderem Masse auch Zeiten des Rückzugs, der Stille, des Gebets.

Auch als «Profi» werde ich beim frühen Tod eines Kindes vermutlich an meine persönlichen Grenzen stossen – emotional, theologisch, in meiner fachlichen und seelsorglichen Kompetenz. Diese Grenzen muss ich wahrnehmen und annehmen sowie realistisch einschätzen, wo und bei wem ich mir gegebenenfalls Hilfe holen kann

Hinzu kommt, dass in dieser besonderen Situation meine eigene Familiengeschichte spürbar werden kann, z. B. eigene Erfahrungen mit frühem Kindstod als Mutter, Vater, Schwester oder Bruder, aber vielleicht auch mein eigener Kinderwunsch mit möglicherweise ungelösten Fragen. Gehe ich zu schnell über meine persönliche Betroffenheit hinweg, werden das auch die Eltern merken, die ich eigentlich begleiten möchte – dann bin ich vielleicht zu distanziert oder zu aufdringlich. Deshalb muss ich mich selber wahrnehmen und fühlen. Eventuell muss ich zeitliche Einschränkungen machen, mich abgrenzen, andere um Rat und Gebet fragen oder selber Trost suchen.

Schon bevor ich zur betroffenen Familie gehe, bereite ich mich innerlich vor. Das kann in Kürze geschehen, durch bewusstes Atmen, Gebete, einen Blick in Blumen oder Wolken. Ich kann etwas mir Vertrautes mitnehmen, eine Bibel, eine Geschichte, einen Stein, ein Tuch, einen Duft (gegen den Spitalgeruch).

Mutig und vertrauensvoll sage ich mir: Ich gehe nicht allein, ich habe einen seelischen «Rucksack» dabei. Das stärkt mich und ermöglicht es mir, ehrlich zu sein und den Eltern offen zu begegnen. Mein Engagement als Seelsorgerin oder Seelsorger kann dadurch an Qualität gewinnen, dass es zeitlich begrenzt ist. Ich mute weder meinen Gesprächspartnern noch mir selbst einen Marathon zu! Ich muss nicht durchhalten um jeden Preis! Bei körperlicher oder auch innerer Müdigkeit ist es besser, sich zu verabschieden und ein Wiederkommen zu vereinbaren. Wie ich für mich sorge und neue Kraft tanke, nach dieser intensiven Nähe zu Geburt und Tod, den beiden grossen Grenzen des Lebens, ist sehr individuell, aber notwendig für alle.

Vielleicht muss ich mich vertiefend und geschützt mit allem beschäftigen können und meine persönlichen und fachlichen Kompetenzen in diesem Bereich erweitern. Pfarrweiterbildungen, CPT oder eine persönliche Supervision können mich dabei unterstützen.

> Seelsorglich begleiten kann ich nur, wenn ich – bei aller inneren Aufgewühltheit – in mir selber zuhause bin, meine Bedürfnisse, Kompetenzen und Grenzen wahrnehme.

Anhang

1 Kommentiertes Literaturverzeichnis

Dieses Verzeichnis erhebt keinen Anspruch auf Vollständigkeit, sondern will auf ausgewählte Veröffentlichungen für Seelsorgende hinweisen (Stand: Sommer 2019). Daneben gibt es eine ständig wachsende Zahl von Veröffentlichungen, die speziell für betroffene Eltern geschrieben und hier kaum berücksichtigt wurden.

Bäuerle, Sabine/Ende, Natalie (Hg.):
Ich steh vor dir mit leeren Händen, Gott. Hilfen, Liturgien und Rituale zur Begleitung beim Tod eines Kindes im Mutterleib oder kurz nach der Geburt.
Zentrum Verkündigung der Evangelischen Kirche Hessen-Nassau, Materialhefte, Heft 101.
Als Manuskript gedruckt, Frankfurt a. M. ²2012

> Sehr gute, ausführliche Arbeitshilfe für Seelsorgende mit (auf die Situation in Deutschland abgestimmten) Grundlageninformationen, vielen Texten, Liedern und einigen Bildern. Zahlreiche Bestattungs- und Gedenkgottesdienste mit allen Texten und Ansprachen. Der gesamte Text der Arbeitshilfe wird als PDF auf CD-ROM mitgeliefert.
>
> Bestellung: Zentrum Verkündigung der EKHN, Markgrafenstr. 14, D-60487 Frankfurt a.M., Tel. +49 69 71379 0; Fax +49 69 71379 131; https://www.zentrum-verkuendigung.de/online-shop/artikel/101-ich-steh-vor-dir-mit-leeren-haenden-gott/; Email: willkommen@zentrum-verkuendigung.de; https://www.zentrum-verkuendigung.de.

Bernhard, Marlies/Kellner, Doris/Schmid, Ursula:
Wenn Eltern um ihr Baby trauern. Impulse für die Seelsorge –
Modelle für Gottesdienste.
Herder, Freiburg i. Br. 2003
ISBN: 978-3-451-28210-2 (nur noch antiquarisch erhältlich)

> Die Autorinnen, Spitalseelsorgerinnen im Raum Augsburg, plädie-
> ren für eine möglichst hohe Kontinuität in der Begleitung trauernder
> Eltern, d. h. für eine gemeinsame Linie aller Beteiligten im Spitalum-
> feld und gegebenenfalls auch für eine frühzeitige Einbeziehung der
> Gemeindeseelsorger/-Innen. Das Buch enthält zahlreiche praxiser-
> probte Abläufe und Texte von Segnungs- und Beisetzungsfeiern,
> (Not-)Taufen, jährlichen Gedenkgottesdiensten usw. sowie weitere
> Anregungen (Gestaltung von Abschieds- und Aufbahrungsräumen,
> Kindergrabstätten usw.).

Beutel, Manfred E.:
Der frühe Verlust eines Kindes. Bewältigung und Hilfe
bei Fehl-, Totgeburt und Plötzlichem Kindstod.
(Reihe psychosoziale Medizin, Bd. 2)
Hogrefe, Göttingen ²2002
ISBN: 978-3-8017-1472-7

> Das Grundlagenwerk schlechthin zur wissenschaftlichen Auseinan-
> dersetzung mit dem Thema in gut zugänglicher Form. Der Autor ist
> Professor für psychosomatische Medizin und Psychotherapie in
> Giessen und verarbeitet zahlreiche einschlägige Studien. Die je spe-
> zifischen Trauer- und Verarbeitungssituationen werden für die ver-
> schiedenen Formen von frühem Kindstod gesondert beschrieben
> (Fehlgeburt, Totgeburt, plötzlicher Kindstod, Schwangerschaftsab-
> bruch, aber auch ungewollte Kinderlosigkeit) und in die konkrete
> Lebenssituation der Eltern eingebettet (Kultur, Religion, Stellenwert
> des Kinderwunsches usw.). Keine Modelle für Gottesdienste, Ritu-
> ale usw.

Ein Engel an der leeren Wiege. Handreichung der Evangelisch-Lutherischen Kirche in Bayern zur seelsorgerlichen Begleitung bei Fehlgeburt, Totgeburt und plötzlichem Säuglingstod.
München o. J. [2002]

> Sehr gute Arbeitshilfe u. a. mit Hinweisen auf den Umgang mit dem Thema in der Kirchengeschichte und in der lutherisch geprägten Theologie sowie einer sensiblen Diskussion rund um die Taufe totgeborener Kinder. Die Handreichung enthält je ein konkretes Beispiel für Feiern zur Nottaufe, Namensgebungsritual und Segnung/Salbung. Download unter: http://gottesdienstinstitut-nordkirche.de/wp-content/uploads/2014/05/Handreichung-bei-Totgeburten.pdf.

Fezer Schadt, Karin/Erhardt-Seidl, Carolin:
Weitertragen – Wege nach pränataler Diagnose. Begleitbuch für Eltern, Angehörige und Fachpersonal.
Edition Riedenburg, Salzburg 2018
ISBN: (Buch) 978-3-902943-13-2, (ePub) 978-3-902943-14-9

> Wenn Pränataldiagnostik Fragen aufwirft. Vorgeburtliche Untersuchungen in der Schwangerschaft können werdende Eltern mit unerwarteten Fragen konfrontieren: Wird unser Kind behindert zur Welt kommen? Was, wenn es nach der Geburt nicht lebensfähig ist oder noch im Mutterleib stirbt? Das Buch informiert werdende Eltern, Angehörige, Hebammen, Ärzte und Beratungsstellen ausführlich über alle möglichen Wege nach pränataler Diagnostik.

Fritsch, Julie/Sherokee, Ilse:
Unendlich ist der Schmerz ... Eltern trauern um ihr Kind. Mit einem Vorwort von Hannah Lothrop.
Kösel, München ²2001
ISBN: 978-3-466-34336-2 (nur noch antiquarisch erhältlich)

> Ein Bildband mit Fotos von Tonskulpturen, die J. Fritsch nach dem Tod ihres Sohnes bei der Geburt gestaltet hat. Die Bilder und die begleitenden Texte von I. Sherokee können Betroffenen helfen, ihren Gefühlen auf die Spur zu kommen; sie eignen sich aber auch für die Gestaltung von Gottesdiensten, Trauerkarten usw.

Gute Hoffnung – jähes Ende. Eine Hilfe für Eltern, die ihr Baby verloren haben, und alle, die sie unterstützen.
Erarbeitet von Mitgliedern des Konvents der Seelsorgerinnen und Seelsorger in Kinderkliniken und auf Kinderstationen im Bereich der Evangelischen Kirche in Deutschland (EKD). Im Auftrag der Kirchenleitung der Vereinigten Evangelisch-Lutherischen Kirche Deutschlands (VELKD) hg. vom Amt der VELKD.
Hannover [12]2017.
ISBN: 978-3-943201-17-8.

Die 93-seitige Broschüre mit Auszügen aus dem gleichnamigen Buch von Hannah Lothrop steht kann auch im Amt der VELKD, Herrenhäuser Str. 12, D-30419 Hannover, Tel.: +49 (0)511/27 96 491, E-Mail: versand@velkd.de, angefordert werden. Download unter http://www.velkd.de > Publikationen > Gemeinde.

Himmelrich, Nathalie:
Trauernde Eltern. Wie ein Paar den Verlust eines Kindes überlebt (engl. Originaltitel: Grieving Parents).
Reach for the Sky, [o. O.] 2015
ISBN: 978-3-9524527-1-4

Ein junges Elternpaar ist total geschockt durch den Tod des jüngeren der eineiigen Zwillingsmädchen. Am dritten Tag ihres Lebens starb es unerwartet. Gerade erst Eltern geworden, und schon zum Club der verwaisten Eltern gehören? Der Verlust eines Kindes wirkt sich auf die ganze Familie aus, auch auf die Beziehung der Eltern. Die Reise mit der Trauer hat keinen festen Zeitplan oder Schritte, sondern entfaltet sich für jeden Menschen auf seine eigene Weise. Dieses Buch sensibilisiert: die Unterschiede des weiblichen und männlichen Trauerns zu verstehen; den besten Weg finden, sich selbst und als Paar zu unterstützen; den Trauerprozess des anderen zu akzeptieren, auch wenn er anders verläuft.

Holzschuh, Wolfgang:
Die Trauer der Eltern bei Verlust eines Kindes. Eine praktisch-theologische Untersuchung. Echter, Würzburg 1998
ISBN: 978-3-429-02077-4 (nur noch antiquarisch erhältlich)

Im Zentrum der Arbeit steht eine empirische Befragung der Mitglieder von Selbsthilfegruppen in Deutschland, die schriftlich zu ihren

Erfahrungen und Wünschen bzgl. seelsorglicher Begleitung durch ihre kirchliche Gemeinde befragt wurden. Die Rücklaufquote war mit ca. 60 Prozent bemerkenswert hoch. 45 der 246 Antworten stammen von Eltern, die eines oder mehrere Kind durch Fehlgeburt oder perinatalen Kindstod verloren haben. Die Arbeit wird durch psychologische Untersuchungen zur Trauerverarbeitung und theologische Reflexionen zur Gemeindepastoral ergänzt. (Kath.-)Theologische Dissertation, etwas schwerfällig zu lesen und von einer eher binnenkirchlichen Perspektive geprägt, aber mit spannenden Ergebnissen in der empirischen Untersuchung.

Horn, Ute:
Leise wie ein Schmetterling. Abschied vom fehlgeborenen Kind.
SCM Hänssler, Holzgerlingen [9]2017
ISBN: 978-3-7751-4378-3

Ute Horn hat selber fünf Fehlgeburten erlebt. Sie erzählt auf einfühlsame Weise und sehr praktisch anhand von vielen Erlebnisberichten, warum Trauerarbeit so wichtig ist, wie man Hilfen finden und geben kann.

Kaufmann, Jürgen:
Herzenskinder. Trauerandachten für verwaiste Eltern.
Katholisches Bibelwerk, Stuttgart 2017
ISBN: 978-3-460-30035-4

Die Trauer um ein verstorbenes Kind kennt keine Grenzen. Es braucht Orte und Zeit, um die Trauer gemeinsam durchleben zu können. Das vorliegende Praxisbuch bietet sowohl fertig ausgearbeitete Andachtsmodelle als auch eine Einführung in die Entstehung der Trauerandachten und deren Beweggründe. Reflektiert werden dabei auch der Rahmen der Andachten, der konkrete Raum, die (Tages-) Zeit und das heutige kirchliche bzw. gesellschaftliche Umfeld.

Kirchenrätliche Dekadegruppe Baselland:
Abschied nehmen, um neu anzufangen. Liturgie zu Matthäus 2,16–18 (Kindermord in Bethlehem).
Im Auftrag der Frauenkommission des SEK.
Pratteln/Basel 1994.

Hintergrundmaterial und Bausteine (Texte, Bilder, Rituale und Lieder) zu gottesdienstlichen Feiern: «Noch nicht geboren, schon verloren» – «Nie Mutter werden» – «Gebrochene Lebenshoffnungen» Dokument unter https://www.kirchenbund.ch/de/frauenkonferenz/dokumente.

Leonhartsberger, Martha:
Und wenn du dich getröstet hast ... Bausteine für Begräbnis-, Abschieds-, Gedenkfeiern für Kinder, die während der Schwangerschaft, bei der Geburt oder kurz danach sterben.
Hg. vom Liturgiereferat im Pastoralamt Linz.
Linz ⁵2002.

Praxisnahe Arbeitshilfe mit Texten und Gebeten, die sich als Bausteine in vielfältigen Feiern und Gottesdiensten verwenden lassen.
Bestellung: https://shop.kath-kirche-kaernten.at/p/leonhartsberger-martha-und-wenn-du-dich-dann-getroestet-hast

Lied des Lebens. Requiem vom Werden und Sterben, Schwangerschaft und Tod.
Text von Detlef Hecking, Musik von Sabina Schmuki. CD-Aufnahme der Uraufführungen am 7./8. Juni 2001 in Bern durch den Chor im Breitsch, Leitung Peter Honegger.

Mit Musik und Wort wird in Form eines modernen Requiems ein Lebens- und Trauerweg zu Fehlgeburt und perinatalem Kindstod nachgezeichnet. Der Text des Requiems ist bei Detlef Hecking, Ischlag 29, 3303 Jegenstorf, detlef.hecking@bluewin.ch, erhältlich.

Liturgiekommission der Evangelisch-reformierten Kirchen der Schweiz

https://www.gottesdienst-ref.ch/liturgie/gottesdienst-im-lebenskreis/bestattung/trauerfeiern-fuer-kleine-und-totgeborene-kinder
Hier sind drei ausgearbeitete Modelle für Gottesdienste, Predigten usw. aus der Praxis verschiedener ref. Pfarrer/-innen abrufbar (Feier mit Tränenritual, ein Abschied für verstorbene Zwillinge und eine Abschiedsfeier für ein tot geborenes Mädchen).

Lothrop, Hannah:
Gute Hoffnung – jähes Ende. Fehlgeburt, Totgeburt und Verluste
in der frühen Lebenszeit. Begleitung und neue Hoffnung für
Eltern.
Vollständige Überarbeitung und Aktualisierung von Edeltraut
Edlinger.
Kösel, München 2016 (Neuausgabe)
ISBN: (Buch) 978-3-466-34389-5, (ePub) 978-3-641-20123-4

> Ein «Klassiker» seit 1991. Das immer noch umfassendste Buch zum
> Thema legt den Schwerpunkt auf den Trauerprozess und ist für
> betroffene Eltern und Verwandte wie auch für – private wie profes-
> sionelle – Begleitende gleichermassen geeignet. Das Buch enthält
> zahlreiche Erfahrungsberichte, die auch Nicht-Betroffenen einen
> guten Einblick vermitteln.

Maurer, Franziska:
Fehlgeburt. Die Physiologie kennen, professionell handeln.
Elwin Staude, Hannover ²2018
ISBN: 978-3-87777-133-4

> Grundlegendes Fachwissen zu Physiologie, Fehlgeburtsgeschehen,
> Erleben der Frau, Verlauf einer Krise, Diagnostik und adäquatem
> Handeln während des gesamten Verlaufs der Fehlgeburt und des
> kleinen Wochenbetts. Für Hebammen und andere Fachpersonen.
> Auch erhältlich bei www.kindsverlust.ch.

Neufeld, Regina:
Viel zu kurz und doch für immer. Was wir durch den Tod unseres
Kindes über uns, das Leben und Gott gelernt haben.
Gerth Medien, Aßlar 2019
ISBN: 978-3-95734-543-1

> Manche Kinder werden ihren Familien viel zu früh genommen. So
> erlebten es auch Alexander und Regina Neufeld. Ihr Samuel wurde
> nur 54 Tage alt. Regina Neufeld erzählt sehr persönlich von dem
> Verlust ihres Sohnes. Davon, was sie und ihr Mann in der schwieri-
> gen Zeit vor und nach der Geburt gefühlt, gefragt und gelernt
> haben. Wie sie mit dem Verlust umgegangen sind – und immer noch
> umgehen.

Dieses Buch macht Betroffenen Mut, offen mit ihren Gefühlen und Gedanken umzugehen und der Trauer Raum zu geben sowie das Tabu des Schweigens zu brechen. Gleichzeitig ist es eine grosse Hilfe für Aussenstehende, wenn es um den Umgang mit den Trauernden geht. Ein Buch über Trauer, Schmerz und Sehnsucht, aber auch – und vor allem – eine Geschichte der Liebe, Dankbarkeit und Hoffnung.

Nijs, Michaela:
Trauern hat seine Zeit. Abschiedsrituale beim frühen Tod eines Kindes.
(Reihe psychosoziale Medizin, Bd. 7).
Hogrefe, Göttingen u. a. ²2003
ISBN: 978-3-8017-1808-4

Als Grundlage dienen Gespräche, die eine Ärztin mit betroffenen Müttern geführt hat. Die bewegenden Beispiele machen Mut, eigene Abschiedsrituale zu gestalten. Die vielen differenzierten Vorschläge sind anregend und unterstützend für die eigene praktische Begleitung. Viele Informationen über Spital, Psychologie, Seelsorge und Rituale werden lebensnah weitervermittelt.

Palm, Gerda:
Jetzt bist du schon gegangen, Kind. Trauerbegleitung und heilende Rituale mit Eltern früh verstorbener Kinder.
Don Bosco, München 2001
ISBN: 978-3-7698-1292-3

Die Autorin ist langjährige Familienberaterin und leitet Trauergruppen in Aachen/D. Sie führt in die systemische Trauerarbeit mit dem «Trauergenogramm» ein und beschreibt einige Rituale (Namensgebung, Todesanzeige, Wandteppich, Arbeit mit Ton, Fantasiereisen). Im Buch sind auch die Texte aus 5 Aachener Gedenkgottesdiensten enthalten (v. a. Begrüssung und stark biblisch orientierte Predigten). Die Anregungen eignen sich v. a. für die längerfristige, therapeutisch ausgerichtete Arbeit mit Eltern/Familien und Trauergruppen.

Riedel-Pfäfflin, Ursula/Strecker, Julia:
Flügel trotz allem. Feministische Seelsorge und Beratung. Konzeption, Methoden, Biographien.
Gütersloher, Gütersloh ²1999
ISBN: 978-3-579-03015-9.

Darin besonders das Kapitel «Abtreibung und Trauer», S. 249–263. Erfahrungsbericht einer Pastorin und Therapeutin über die Begleitung einer Frau, die vor Jahren ein behindertes Kind abgetrieben hat und den Verlust somatisiert. Mit Gesprächen und Ritual wird die Trauer verarbeitet.

Selbsthilfegruppen «Zäme truure», «Papillon»:
Praktische Ratschläge für GeburtshelferInnen, Ärzte/Ärztinnen, Hebammen und Pflegepersonal in Krankenhäusern und für SeelsorgerInnen im Umgang mit Eltern, die ihr Kind durch Fehlgeburt, Frühgeburt, Totgeburt, während der Geburt oder durch Tod des Neugeborenen verlieren.
In Zusammenarbeit mit Regenbogen Schweiz.

Praxisnahe, übersichtliche Broschüre mit zahlreichen konkreten Hinweisen. Sie ist hauptsächlich auf das Spitalpersonal ausgerichtet. Download unter https://verein-regenbogen.ch/wp-content/uploads/2015/02/Ratgeber-blau-Oktober-2014.pdf.

Schindler, Regine (Hg.):
Tränen, die nach innen fliessen. Mit Kindern dem Tod begegnen. Erlebnisberichte betroffener Kinder und Eltern.
Ernst Kaufmann, Lahr 1993
ISBN: 978-3-7806-2336-2 (nur noch antiquarisch erhältlich)

Sehr gutes Buch, das den Trauerprozess von Kindern mit seinen Klippen je nach dem entwicklungspsychologischen Alter des Kindes nachvollziehen lässt. Die Psychologie erklärt die altersbedingten Reaktionen der Kinder auf den Tod und das notwendige spezifische Darauf-Eingehen sehr eindrücklich.

Stille Geburt und Tod des Kindes nach der Geburt. Für Mütter und Väter, deren Kind während der Schwangerschaft, bei der Geburt oder bald danach gestorben ist.

Hg. vom Bundesministerium für Familien und Jugend, Text:
Karin Huber/Sonja Gobora.

Wien 2015.

Umfassende österreischische Broschüre, insbesondere mit Angaben zu Trauerbegleitung, einzelnen Friedhöfen, sozialrechtlichen Ansprüchen und Familienleistungen sowie Links zu Organisationen. Die gedruckte Broschüre kann kostenlos beim Bundesministerium für Familien und Jugend bestellt werden (bestellservice@bmfj.gv.at). Download unter https://www.frauen-familien-jugend.bka.gv.at/dam/jcr:f2189649-fe8c-4fa6-ba11-5345014253ec/Stille%20Geburt2015_Web.pdf.

Wenn der Tod am Anfang steht. Eltern trauern um ihr totes neugeborenes Kind – Hinweise zur Begleitung, Seelsorge und Beratung. Hg. vom Sekretariat der Deutschen Bischofskonferenz (Arbeitshilfen 174).

Bonn [3]2017 (17. Mai 2017).

Nützliche Arbeitshilfe, die in der Frage der Trauerbegleitung die ganze Familie einschliesslich der Geschwister und Grosseltern ins Zentrum rückt. Gebete, Liturgievorschläge und weitere Anregungen für Gottesdienste und Bestattungen. Gute Hinweise zur seelsorglichen Begleitung nach Schwangerschaftsabbruch sowie eine zeitgemässe theologische Reflexion zur Frage nach dem Heil der Kinder, die ohne Taufe sterben. Detaillierte Informationen zu Bestattungsrecht bzw. -pflicht in allen deutschen Bundesländern. Download unter https://www.dbk-shop.de/de/deutsche-bischofskonferenz/arbeitshilfen/wenn-tod-anfang-steht.html.

Wirthner-Bürgi, Barbara:
Wir haben unser Kind verloren … Ratgeber für die ersten Stunden für Eltern, die ein Neugeborenes verloren haben.
Hg. vom Verein Regenbogen Schweiz.

20-seitige Broschüre mit Erstinformationen für betroffene Eltern, gut zur Abgabe unmittelbar nach der Geburt geeignet. Das Heft macht Mut, den eigenen Trauerweg zu suchen und zu gehen und vermittelt erste Sachinformationen (Bestattung, Mutterschaftsurlaub usw.). Download unter https://verein-regenbogen.ch/ratgeber-wir-haben-unser-kind-verloren/.

Wolter, Heike:
Mein Sternenkind. Begleitbuch für Eltern, Angehörige und Fachpersonen nach Fehlgeburt, stiller Geburt oder Neugeborenentod.
Edition Riedenburg, Salzburg 2017
ISBN: 978-3902647-48-1

Nach dem Verlust eines Kindes braucht es Zeit, um wieder zurückzukommen in ein Leben, in dem man sich selbst aufgehoben und versöhnt fühlt mit dem unfassbaren Schicksalsschlag. Um auf dem Weg der Trauer und der Neuorientierung vorangehen zu können, bedarf es vieler Dinge, zum Beispiel der Gewissheit, dass man nicht allein ist und dass es Möglichkeiten gibt, (sich selbst) Gutes zu tun. Zentral sind die Erfahrungen anderer Menschen, die Ähnliches durchlebt, durchlitten und in ihr Leben integriert haben, denn sie können dabei helfen, wieder ins Gleichgewicht zurückzufinden. In diesem Begleitbuch kommen daher neben der Autorin auch Eltern zu Wort, die ein Kind oder mehrere Kinder verloren haben. Im Fokus stehen ihre ganz persönlichen Verlusterfahrungen, die Entwicklung der Trauer und das Heilwerden, das kein Vergessen meint, sondern ein dankbares Erinnern an die viel zu kurze gemeinsame Zeit mit dem Sternenkind.

Wörz-Strauss, Hildegard:
Und was kommt danach? Begleitbuch bei Tot- und Fehlgeburt.
Ernst Reinhardt, München 2018
ISBN: (Buch) 978-3-497-02810-8, (ePub) 978-3-497-61036-5

Eine Spitalseelsorgerin umschreibt alle Facetten des Erlebens einer Tot- und einer Fehlgeburt. Ebenso das Wagnis sich erneut auf eine Schwangerschaft einzulassen und die spezielle Erfahrung nachgeborener Kinder. Das gesamte Familiengefüge prägt es mit. Sensibler Umgang mit inneren Trauerprozessen, Beispiele und weiterführende Literatur.

Weitere Buchtipps, Texte, Gedichte (häufig von Betroffenen), Lieder usw. sind auch über die Homepages von Selbsthilfegruppen, betroffenen Eltern und über www.kindsverlust.ch zugänglich.

2 Websites

Homepages bieten viele hilfreiche Gesprächsforen. Der Internet-Austausch ersetzt jedoch den persönlichen Kontakt mit anderen betroffenen Eltern und Fachpersonen nicht. Gerade Fachpersonen sollten betroffene Eltern auf die Gefahren der Anonymität und des Rückzugs bei übertriebener oder ausschliesslicher Nutzung des Internets hinweisen.

Schweiz

https://www.kindsverlust.ch

Nationales Kompetenzzentrum für nachhaltige Unterstützung beim Tod eines Kindes in der Schwangerschaft, während der Geburt und erster Lebenszeit in der Schweiz. Beratung für Betroffene, Coaching und Weiterbildung für Fachpersonen, Öffentlichkeitsarbeit und Vernetzung.

https://www.engelskinder.ch

Privat geführte Homepage betroffener Mütter. Für Eltern, die ihr Kind durch eine Fehlgeburt, Totgeburt, Schwangerschaftsabbruch, Frühgeburt, während oder kurz nach der Geburt verloren haben. Mit zahlreichen Gesprächsforen und Beiträgen betroffener Eltern sowie unterschiedlichen Austauschmöglichkeiten.

http://www.familientrauerbegleitung.ch

Der 2016 gegründete Verein familien**trauer**begleitung.ch hat sich spezialisiert auf die qualifizierte Trauerbegleitung von Eltern, Kindern, Geschwistern, Jugendlichen und gesamter Familien. Er betreut Trauergruppen, berät Eltern, sensibilisiert mit Vorträgen für die Themen Trauer und Tod. Pädagogische Institutionen können mit situationsgebundener Begleitung und Beratung und sowie Teamweiterbildung geschult werden.

http://www.herzensbilder.ch

Der 2013 gegründete gemeinnützige Verein herzensbilder.ch schenkt Familien von schwerkranken, behinderten oder viel zu früh geborenen Kindern ein kostenloses Foto-Shooting mit einem Profi-Fotografen.

https://lifewith.ch

«life with» unterhält einen Blog und bietet offene Gesprächsrunden («Treff») und Workshops für Erwachsene an. Die Seite richtet sich speziell an trauernde Geschwister, unabhängig davon, ob der Bruder oder die Schwester erst kürzlich verstorben ist oder schon vor vielen Jahren. «life with» gehört zum Verein Regenbogen Schweiz und ist konfessionslos.

http://mein-sternenkind.ch

Mehrsprachige (deutsch, französisch, englisch, italienisch, spanisch) Begleitwebseite zur Broschüre «Mein Sternenkind».

https://www.pro-pallium.ch

Die Schweizer Palliativstiftung für Kinder und junge Erwachsene «pro pallium» ist eine gemeinnützige, spendenfinanzierte Stiftung, die sich für die Entlastung, Begleitung und Vernetzung von Familien mit schwerstkranken Kindern einsetzt. Für trauernde Mütter und Väter bietet sie Einzel-Trauergespräche und monatliche Treffen an.

www.selbsthilfeschweiz.ch

Die Website des nationalen Dachverbands der regionalen Selbsthilfezentren und Selbsthilfeorganisationen vermittelt Kontakt zu regionalen Anlaufstellen und Initiativen. In der Suche unter «Selbsthilfe gesucht» lassen sich mit Schlagworten wie «Kindstod» oder «Fehlgeburt» entsprechende Adressen finden.

http://www.sids.ch

Vereinigung von Eltern, die ein Kind durch plötzlichen Kindstod verloren haben, und von weiteren interessierten Personen. Mit Links zu vergleichbaren Vereinigungen im Ausland.

http://www.staernechind.ch

2011 gegründeter Verein, der für früh- und fehlgeborene Kinder Kleider und Erinnerungsboxen herstellt. Vernetzt mit https://www.sternenkinder-eltern.ch.

https://www.sternenkinder-eltern.ch
Kontakt- und Austauschplattform (interner Bereich) für betroffene Eltern. Für die Nutzung ist eine Registrierung erforderlich.

http://sternentaler.ch
«Inseln» für Familien mit einem schwer kranken, behinderten oder Sternenkind. Der Verein vermittelt praktische Hilfestellungen und Beratungsmöglichkeiten.

https://verein-regenbogen.ch
Homepage des Vereins Regenbogen Schweiz / Arc-en-ciel Suisse (Selbsthilfevereinigung von Eltern, die um ein Kind trauern), konfessionell und politisch neutral. Auf der Website wird die umfangreichste Liste von Publikationen rund ums Thema zum kostenlosen Downlad angeboten.

Liechtenstein

https://www.schwanger.li/wir-beraten/fehlgeburt-totgeburt
Netzwerk von Beratungsstellen im St. Galler Rheintal, Liechtenstein und Vorarlberg rund um Schwangerschaft, Geburt, Wochenbett. Trägerin ist die Sophie von Liechtenstein Stiftung für Frau und Kind.

www.sternenkinder.li
Die Website wird vom Verein Sternenkinder in Lichtenstein betrieben und bietet umfassende praktische Informationen, insbesondere zu Bestattungsfragen.

Deutschland

https://www.veid.de
Homepage des Bundesverbands Verwaiste Eltern und trauernde Geschwister in Deutschland e. V., der sich für die Interessen betroffener Eltern, Begleitung und Beratung einsetzt. Sehr reichhaltige Homepage mit Informationen über Trauerarbeit, kommentierten Literaturtipps und Anlässen wie zum Beispiel Gedenkgottesdiensten und Selbsthilfegruppen in Deutschland.

http://initiative-regenbogen.de

Die Initiative REGENBOGEN «Glücklose Schwangerschaft» e. V. bietet vielfältige Unterstützung für Familien, die ihr Kind vor, während oder kurz nach der Geburt verloren haben. Dreimal jährlich erscheint die Mitgliederzeitschrift «Info».

Derzeit mit Regionalvertretungen (Kontaktpersonen sind angegeben) in Brandenburg, Niedersachsen, Nordrhein-Westfalen, Rheinland-Pfalz, Saarland, Sachsen-Anhalt und Thüringen.

https://blog.palliative-geburt.info/

Das Netzwerk Palliative Geburt gehört zum Netzwerk Wege nach pränataler Diagnostik – Informationen rund um Schwangerschaft und Geburt (http://www.weitertragen.info/). Die Website ist derzeit (Sommer 2019) noch im Aufbau.

https://www.dein-sternenkind.eu

Ehrenamtlich tätige Fotograf/-innen machen kostenlos Bilder von Sternenkindern. Die Organisation bietet eine umfangreiche Datenbank, damit Eltern problemlos eine/n Fotograf/-in in ihrer Nähe finden können. So bleiben die kostbarsten Momente für immer erhalten!

https://familienplanung.de/schwangerschaft/fehlgeburt-totgeburt/

Thematisch weit aufgestellte, unabhängige Homepage der Bundeszentrale für gesundheitliche Aufklärung zum Themenkomplex Schwangerschaft und Geburt. Unter dem Titel «Ein Kind verlieren» finden sich hilfreiche Hinweise und Detailinformationen, auch für besondere Umstände wie im Fall einer Obduktion oder wenn Eltern ihr Kind nicht individuell bestatten können oder möchten (z. B. Bestattung durch die Klinik).

Hamburg

https://www.verwaiste-eltern.de

Homepage des Vereins Verwaiste Eltern Hamburg und Geschwister Hamburg e. V. Kurze Informationen über Literatur, Trauer und Selbsthilfegruppen (in Deutschland).

Nordrhein-Westfalen

https://www.hopesangel.com

Hope's Angel bietet professionelle Hilfe und Unterstützung für Familien und Fachkräfte bei Fehlgeburt, stiller Geburt, Schwangerschaftsabbruch und Neugeborenentod. In der Praxis in St. Augustin finden Beratungsgespräche und Treffen der Trauergruppen aus dem Rhein-Sieg-Kreis, Köln und Bonn und Umgebung statt, ebenso Fortbildungen und die Runden Tische der Fachkräfte.

Hope's Angel ist Mitglied im Bundesverband Verwaiste Eltern und trauernde Geschwister in Deutschland e. V. und im Verein Weitertragen e. V. (http://www.weitertragen-verein.net) und ist auf Spenden angewiesen.

Auf https://www.hopesangel.com/netzwerk findet sich eine nach Postleitzahlen sortierte Datenbank von Fachpersonen und Einrichtungen aus Deutschland, Österreich und der Schweiz

Österreich

http://www.shg-regenbogen.at

Der 1995 gegründete Verein Regenbogen Österreich versteht sich als Selbsthilfegruppe und bietet bzw. vermittelt lokale Selbsthilfegruppen, Trauerbegleitung, Beratung, Schulungen, Vernetzung, Sternenkinderkleidung.

https://www.verein-pusteblume.at

Verein Pusteblume leistet österreichweit Unterstützung vor, während und nach dem Tod des Kindes, pflegt ein Netzwerk von Fachpersonen aus allen involvierten Disziplinen und leistet Öffentlichkeitsarbeit; Sternenkinderkleidung.

Kärnten

www.kath-kirche-kaernten.at/verwaiste-eltern

Die Plattform «Verwaiste Eltern» der Katholischen Kirche Kärnten/ Katoliška Cerkev Koroška vermittelt Trauerbegleitung nach dem Tod eines Kindes für Eltern, Geschwister, Angehörige; das Angebot ist kärntenweit und überkonfessionell. Aufgeschaltet ist auch ein übersichtlich gestalteter Veranstaltungskalender.

Steiermark

https://hospiz-stmk.at/h468-wenn-eltern-trauern

Der Hospizverein Steiermark (https://hospiz-stmk.at) vermittelt ehrenamtliche Hospizbegleiterinnen, begleitet Trauergruppen und hat ein umfangreiches Beratungs- und Weiterbildungsangebot.

Wien

https://www.nanaya.at

Nanaya. Zentrum für Schwangerschaft, Geburt und Leben mit Kindern. Die 1983 gegründete Sebsthilfegruppe Nanya ist inzwischen ein gemeinnütziger Verein und arbeitet als selbstverwaltete Fraueneinrichtung. Das Angebot umfasst psychologische Beratung, Trauerbegleitung, Rückbildungskurse für Sternenmütter, Einzelgeburtsvorbereitung, Begleitung und Bildungsanalyse in Folgeschwangerschaft. Die Leihbibliothek ist gegen Gebühr für Mitglieder und Nichtmitglieder zugänglich.

Dank

Wir danken der Frauenkonferenz des SEK sowie der Fachstelle kindsverlust.ch (früher: Fachstelle Fehlgeburt und perinataler Kindstod). Der Dank gilt auch allen Frauen und Männern, die die Erstauflage 2006 dieser Arbeitshilfe vorab gelesen und mit hilfreichen Rückmeldungen zur Verbesserung beigetragen haben: Rudolf Albisser, Elisabeth Ammann, Edith Arpagaus, Ruedi Brassel-Moser, Carmen-Catterina Baumli, Ria van Beek, Sr. Maria Bühlmann, Yvonne Hari, Reiner Jansen, Karin Klemm, Niklaus Knecht, Esther Kobel, Susanne Kühlhorn, Bernd und Regula Lenfers-Grünenfelder, Anita Masshardt, Franziska Maurer, Manfred Ruch, Markus Sahli, Sabine Scheuter, Christoph Weber, Elisabeth und Lukas Wenk-Mattmüller.

Die überarbeitete Neuausgabe haben die Katholische Kirche im Kanton Zürich und der Schweizerische Evangelische Kirchenbund SEK finanziell ermöglicht.

Autorin und Autor

Clara Moser, Jahrgang 1955, ist reformierte Gemeindepfarrerin in Pratteln bei Basel. Zwei Kinder – und eine Fehlgeburt. Leiterin von Elternkursen und Pfarrweiterbildungen zum Thema, Bibliodramaleiterin. Weiterbildungen in CPT und TZI, Spiritualität und Heilen; Radiopredigerin DRS 2 2003–2007. Sie gehört der Prüfungskommission Pfarrausbildung Konkordat und dem Assessment Bern an.

Detlef Hecking, Jahrgang 1967, ist katholischer Theologe, Leiter der Bibelpastoralen Arbeitsstelle des Schweizerischen Katholischen Bibelwerks in Zürich und Lehrbeauftragter für Neues Testament an der Universität Luzern. Er lebt in Jegenstorf bei Bern, hat zwei Kinder – und ein drittes Kind, das in der frühen Schwangerschaft gestorben ist. Aufgewachsen in einer betroffenen Familie. Autor von «Lied des Lebens. Requiem vom Werden und Sterben, Schwangerschaft und Tod» (siehe Literaturverzeichnis).

Herausgeberin

kindsverlust.ch
Fachstelle Kindsverlust während Schwangerschaft,
Geburt und erster Lebenszeit
Belpstrasse 24
3007 Bern

+41 (0)31 333 33 60
fachstelle@kindsverlust.ch

Die seit 2003 existierende Fachstelle versteht sich als schweizerisches Kompetenz- und Ausbildungszentrum beim frühen Kindsverlust, unterstützt betroffene Familien ebenso wie Fachpersonen und leistet Sensibilisierungsarbeit in Politik und Öffentlichkeit.
Sie ist eine unabhängige Non-Profit-Organisation und finanziert sich durch Mitgliedsbeiträge, Spenden, Stiftungs- und Kirchenbeiträge.

Angebote für betroffene Familien
- *kostenlose Beratung rund um Kindsverlust während Schwangerschaft, Geburt und erster Lebenszeit*
- *Vermittlung von qualifizierten wohnortnahen Fachpersonen für die weitere Begleitung*
- *Bereitstellung von Informationsbroschüren und Merkblättern zu praktischen Fragestellungen, rechtlichen Folgen, Beisetzung u. a.*
- *Austauschplattformen und Vernetzung für betroffene Familien*

Angebote für Fachpersonen
- *kostenlose Coachings, Beratung und Supervision*
- *Aus- und Weiterbildung der involvierten Fachpersonen aus diversen Disziplinen sowie deren Vernetzung*
- *fundierter Lehrgang zur Thematik des frühen Kindsverlusts*
- *interne Schulungen für Institutionen wie Spitäler oder Ausbildungsstätten)*

Checkliste für Seelsorgegespräche

Fragen in Normalschrift beziehen sich auf die Betroffenen, Kursivschrift auf mich als Seelsorger/-in.

- Wie geht es den Eltern emotional?
- Wie geht es den Eltern (besonders der Mutter) körperlich/gesundheitlich?
- Wie geht es – gegebenenfalls – den Geschwistern des verstorbenen Kindes?
- Was haben die Eltern nach der Geburt mit ihrem Kind erlebt, an ihm wahrgenommen? Wie sah/sieht es aus, wie hat es geschaut, hat es geschrien, wie hat es sich angefühlt, wie hat seine Haut geschmeckt? Haarfarbe?
- Wie reden die Eltern von ihrem Kind? Haben sie ihm einen Namen gegeben, gibt es Kosenamen? *Was fällt mir auf: Worte, Formulierungen, Emotionen, Körpersprache?*
- Was beschäftigt die Mutter, den Vater momentan am meisten?
- *Ist es möglich, das Kind während/nach dem Gespräch zu sehen?*
- Wer hat das Kind schon gesehen, wer will/darf/sollte es sonst noch sehen (Geschwister, Grosseltern, Gotte, Götti, Freunde, Freundinnen)?
- Sind bereits Erinnerungsstücke vorhanden?
- Wie ist es den Eltern in der Schwangerschaft gegangen, was erzählen sie von ihren Hoffnungen, Freuden, Ängsten und Beschwerden?
- Gab es Anzeichen für den Kindstod? Kam der Kindstod für die Eltern überraschend oder haben sie ihn erahnt?
- Haben die Eltern Wünsche, Ideen für eine Begrüssungs- und Abschiedsfeier/für ein entsprechendes Ritual?
- *Welche Elemente für eine Feier/Ritual möchte ich den Eltern eventuell vorschlagen?*
- Wo soll die Feier stattfinden? Wann? Wer soll daran teilnehmen?

- Soll/kann schon jetzt die Gemeindeseelsorgerin/der Gemeindeseelsorger informiert werden?
- Wer soll die Feier leiten? (Spital- oder Gemeindeseelsorger/-in, eventuell zusammen mit Hebamme und dem/der Trauerbegleiter/-in?)
- Wann, wo, mit wem findet das zweite Gespräch (zur konkreten Vorbereitung der Begrüssungs-/Abschiedsfeier) statt? Was gibt es in der Zwischenzeit zu tun? Wer tut es?
- Wer ist für die Eltern (wenn gewünscht oder nötig) in den nächsten Stunden, Tagen da?

Zur Selbstreflexion
- *Brauche ich Unterstützung? In Fachfragen, für meine eigenen Gefühle, bei der Vorbereitung und Organisation der Feier?*
- *Kann und möchte ich die Feier allein gestalten? Wer könnte auch noch mitwirken?*

Längerfristige Begleitung betroffener Familien:
- Wünschen die Eltern/Familienangehörigen weitere seelsorgliche Begleitung?
- Wer nimmt wann nächstes Mal Kontakt mit der Familie auf?
- Sind die Eltern einverstanden, dass die Gemeindeseelsorgerin/der Gemeindeseelsorger informiert wird?
- Werden die Eltern gegebenenfalls zur jährlichen Totengedenkfeier in der Gemeinde oder zu regionalen Gedenkfeiern für früh verstorbene Kinder eingeladen.

- *Kann ich diese Begleitung ehrlich und realistisch anbieten (zeitlich, emotional, von meinen Kompetenzen her)? Wer könnte es sonst tun?*